# LECLERC

DU MÊME AUTEUR

*1 061 compagnons*, Paris, Perrin, 2000.

*La Campagne d'Italie*, Paris, Perrin, 2002.

*Les Vaincus seront les vainqueurs,* Paris, Seuil, 2004.

*Leclerc*, Paris, Perrin, 2005.

*Foch*, Paris, Perrin, 2008.

*Le Général Saint-Hillier. De Bir-Hakeim au putsch d'Alger*, Paris, Perrin, 2009.

*La Guerre de l'ombre des Français en Afghanistan*, Paris, Fayard, 2011.

*La Vérité sur notre guerre en Libye*, Paris, Fayard, 2012.

*Le Crocodile et le Scorpion*, Paris, Éditions du Rocher, 2013.

*La Guerre de la France au Mali*, Paris, Tallandier, 2014.

JEAN-CHRISTOPHE NOTIN

# LECLERC

PERRIN

**MAÎTRES DE GUERRE**
une collection dirigée par
**FRANÇOIS KERSAUDY et YANNIS KADARI**

dans la même collection :
**HITLER,** François Kersaudy
**PATTON,** Yannis Kadari
**STALINE,** François Kersaudy
**VON MANSTEIN,** Pierre Servent
**MONTGOMERY,** Antoine Capet
**MACARTHUR,** François Kersaudy


ISBN : 978-2-262-02954-8
www.editions-perrin.fr

# SOMMAIRE

1

# LE REJET DE LA FACILITÉ

Ne cherchez pas : l'histoire de France est pleine de héros ayant conquis sur les champs de bataille les galons et médailles venus embellir leur blason nobiliaire, mais elle compte un seul Leclerc ; car pour semblable destin, il faut un caractère apte à cultiver les valeurs familiales, comme le forgeron travaille le fer.

Ce caractère se manifeste très tôt chez Leclerc. Lorsqu'il naît Philippe de Hauteclocque, le 22 novembre 1902, il reçoit en héritage mille ans de service de la France et de Dieu. Ses parents appartiennent tous deux à la plus ancienne aristocratie du Nord et semblent s'être partagé les vertus à déposer dans le berceau de leur cinquième enfant et second fils. Le père, Adrien, est de ces seigneurs d'autrefois devenus, à la faveur des changements de régime, maires de leurs terres – en l'occurrence Belloy-Saint-Léonard, près d'Amiens. Adrien de Hauteclocque incarne l'autorité, la droiture et l'attachement à des traditions qui lui font rejeter la République. Ce maire qui bannit la *Marseillaise* le 14 Juillet enfante un fils qui la fera jouer des milliers de fois… Mais il lui transmet aussi un humour froid comme ses colères et une franchise parfois brutale. De sa mère, née Marie-Thérèse van der Cruisse de Waziers, le jeune Philippe reçoit sa première éducation et une très grande piété ; c'est

Château de Belloy-Saint-Léonard.

Le père de Philippe, Adrien, grand amateur de chasse.

Marie-Thérèse, la mère de Philippe, avec sa fille Madeleine, dominicaine de la Vierge Marie.

ainsi qu'il se rend quotidiennement à la messe, mais sans verser dans la bigoterie – à l'exemple du père, qui brave la menace d'excommunication lorsqu'il est amené le 28 mai 1898 à défendre son honneur dans un duel à l'épée[1].

Philippe apprend également de Marie-Thérèse à ne jamais se laisser dominer par des pensées négatives ou des sautes d'humeur, ce qui lui fait écrire à tout juste sept ans : « J'ai déjà remporté plusieurs victoires sur moi-même. J'espère que bientôt mon défaut dominant sera complètement battu. » Toute la vie de Leclerc, placée sous la protection de la Vierge Marie qu'il vénère, sera cette lutte perpétuelle contre la facilité. Dans les bois de son « cher Belloy », il s'adonne à son sport favori, la chasse, tout d'abord au lapin ou à l'écureuil, et plus tard à courre. Mais ce faisant, il invente des tactiques pour débusquer ses proies, et il les enseigne à sa jeune sœur Colette, exactement comme le ferait un général à son état-major…

1. Contre Jean de Forceville, descendant d'une autre vieille lignée de la Somme, qui s'est déclaré offensé par un article (paru dans *La Libre Parole*) dont il était l'auteur. Hauteclocque l'emporte en blessant à la troisième reprise son adversaire à l'épaule.

La fratrie Hauteclocque. De gauche à droite :
Guy, Françoise, Madeleine, Yvonne, Philippe, Colette.

## L'appel des armes

La Grande Guerre n'est que le catalyseur de la carrière de Philippe. À douze ans, il voit son père et ses deux oncles reprendre l'uniforme en dépit de leur âge avancé, alors que Guy, son frère aîné, fait partie de ces jeunes promotions de Saint-Cyr dont le casoar ira bientôt blanchir les tranchées rougies par le sang et les coquelicots. Comment, après une enfance bercée par le récit de glorieux ancêtres dans une folle ambiance de patriotisme exacerbé, ne pourrait-il voir renforcé son attrait pour les armes ? En octobre 1915, pour sa première scolarité, il gagne le collège jésuite de la Providence, à Amiens. C'est donc pour ainsi dire au front qu'il entame en quatrième la marche vers le baccalauréat. Ses camarades sont impressionnés par son charisme, qui lui vaut le surnom d'« aristo », et ses professeurs le sont encore davantage par un franc-parler qui ne le quittera jamais, ainsi que par une intelligence qui lui permet de remporter tous les premiers prix.

Philippe, enfant, devant son « cher » Belloy.

Au centre, Wallerand de Hauteclocque, commandant du 14e hussards et oncle de Philippe, tué le 22 août 1914.
« Si j'écrivais des notes sur Philippe, dira plus tard Adrien, je voudrais montrer combien il est l'image de son oncle Wallerand. »

Vers quelle carrière s'orienter ? Au son de la canonnade si proche, Philippe se trouve un temps à devoir faire un choix entre deux sacerdoces qui sont les fondements de sa lignée, le service de Dieu et celui de l'armée. En fait, il ne choisit pas vraiment : ses deux oncles, dont Wallerand qu'il admirait tant du fait de sa brillante carrière militaire, sont tués dès les premiers mois du conflit. Quatre ans plus tard, Philippe voit son père revenir auréolé de titres de guerre et de témoignages élogieux de ses camarades de tranchées. La défense de la patrie s'impose alors comme la première des priorités.

En 1920, ayant réussi le bachot avec mention, Hauteclocque intègre à Versailles l'école Sainte-Geneviève, préparatoire au concours de Saint-Cyr. L'échec n'est pas une option, car les jésuites l'ont conforté dans sa quête perpétuelle du dépassement de soi. Le cafard, dont il ne montre rien, l'assaille comme tout provincial venu à Paris, mais il le terrasse grâce à une très grande rigueur dans les études et la légère indiscipline dont il avait déjà fait preuve à Amiens. Depuis tout petit, qu'il ait face à lui professeur ou élève, Philippe ne se laisse pas faire, et ce n'est ni la menace de mauvaises notes ni la perspective d'une bagarre qui risquent de le faire fléchir. Le père de Maupeou, préfet des études, l'en féliciterait presque, lui qui écrira : « Les jeunes gens intelligents, il y en a trop, ils courent les rues. Parlez-moi d'un caractère. Parlez-moi de Hauteclocque. Intelligent, il l'est certainement. Mais il est aussi beaucoup mieux que ça. »

Seconde année de préparation Saint-Cyr à Sainte-Geneviève de Versailles. Philippe est à gauche, au 4e rang, de profil.

Le jésuite sait-il qu'avec le même sérieux que pour sa carrière naissante, son élève met déjà en ordre sa vie privée ? Chez la baronne de Gargan, dont une fille a épousé son frère Guy, il fait la connaissance de Marie-Thérèse, issue également d'une excellente lignée – riche de surcroît, puisque parente des maîtres de forge Wendel, et aussi pieuse que lui, puisqu'elle a pensé au Carmel. « Avec elle, confiera-t-il à sa mère, ce ne sera jamais dur de marcher dans le droit chemin. » Recherche immuable de la perfection…

Philippe épouse Marie-Thérèse le 10 août 1925. « Jamais, écrira-t-il, je ne remercierai assez le Bon Dieu de m'avoir donné une pareille femme.

## Déjà le sable

En 1922, Saint-Cyr ouvre ses portes au Picard. La promotion prend pour nom de baptême « Metz et Strasbourg », comme une annonce du futur serment de Koufra. Quoique de taille moyenne[1] et cavalier laborieux, Philippe surclasse ses trois cent cinquante condisciples et termine à l'été de 1923 dans la botte du classement, ce qui lui permet de rejoindre l'élite, la cavalerie, arme de la noblesse, qui n'a pas encore subi la révolution blindée impulsée par la Grande Guerre. Un an plus tard, il est le premier de « l'escadron » – c'est-à-dire des postulants de seconde année à la cavalerie – avec cette appréciation flatteuse de son commandant : « Un officier à pousser dans l'intérêt de l'armée, qui a les plus belles qualités militaires et les a développées par un travail acharné. […] Par son énergie et sa persévérance, il a tiré très bon parti de dispositions médiocres pour l'équitation. »

1. Un mètre soixante-douze.

Philippe atteint le but qu'il s'est fixé : il entre cinquième à Saint-Cyr.

La suite logique est l'école d'application de Saumur, dont il sort major en 1925… et marié à Marie-Thérèse de Gargan. L'un va avec l'autre comme en atteste la question singulière qu'il a posée à son épouse : « Acceptez-vous de toujours passer après la France ? » Pour accomplir son destin militaire, le jeune lieutenant a besoin de se sentir en règle avec Dieu, et le mariage était l'étape suivante à franchir dans sa vie de chrétien. Mais il ne serait pas Hauteclocque s'il ne gardait son quant-à-soi ; en dépit de l'interdiction édictée par le pape, il continue à lire *L'Action française*. Par ailleurs, il étonne à sa sortie de Saumur en préférant la routine de l'occupation en Allemagne à l'adrénaline des campagnes du Maroc ou du Levant.

Veut-il prendre sa part de revanche sur les troupes du Kaiser ? En tout cas, il est affecté en octobre 1925 à Mayence, puis à Trèves, où il fait même un stage dans un escadron d'automitrailleuses, ce qui lui offre le loisir, selon son expression, « d'apprendre à conduire et de tripoter des mécaniques aux frais du gouvernement ». Mais ce sous-lieutenant atypique est avant tout un homme d'action : il ne lui faut pas huit mois pour se raviser et réclamer une affectation au Maroc. La mutation tombe en octobre 1926 avec les galons de lieutenant, et il rejoint le 8e régiment de spahis à Taza avec, comme il l'écrit à sa sœur Yvonne, « ce que j'ai de plus cher, ma femme, mon chien et mon cheval » – auxquels il aurait pu ajouter son premier fils Henri… Mais la reddition d'Abd el-Krim a mis un terme à la guerre du Rif au mois de mai, et en lieu et place du baroud espéré, Hauteclocque obtient de former les élèves officiers marocains avec lesquels il noue des relations d'une grande estime réciproque[1] – lui qui est réservé à en paraître snob à ses supérieurs ou ses camarades.

En 1929, il obtient enfin ce dont il rêvait : un poste très exposé à M'Zizel, dans le Haut Atlas, où la rébellion est loin d'être éteinte. Il se fait un devoir d'y accomplir son métier d'officier dans les conditions les plus risquées ; ne servent généralement dans la région que des célibataires, alors que Marie-Thérèse vient d'accoucher de son troisième enfant – encore

1. Il perfectionne ainsi son arabe qu'il a commencé à apprendre à Saint-Cyr.

un fils, Michel. En raison de l'insécurité de la zone, toute la famille rentre d'ailleurs en France et s'installe tout près de Belloy, dans les 176 hectares du château de Tailly-l'Arbre-à-mouches offert par les Waziers.

Au Maroc, avec ses deux aînés, Henri et Hubert.

Château de Tailly – l'Arbre-à-mouches.

Première expérience du désert pour le lieutenant de Hauteclocque qui, comme beaucoup d'officiers de sa génération, est très inspiré par l'exemple de Charles de Foucauld. Il ne se séparera d'ailleurs jamais d'une photo du prêtre, au verso de laquelle il a inscrit ce qu'il s'est fixé comme but : « Se commander à soi-même. » De fait, il profite de l'éloignement des confins pour improviser sans en référer. Le 13 juillet 1930, son courage et son sens de la manœuvre lui permettent de remporter un premier combat contre une tribu d'irréductibles, les Aït Hammou. Au plus fort de la mêlée, Hauteclocque n'est que superficiellement blessé au pouce et s'émerveille de sa « baraka » en écrivant à sa mère : « Ce qu'il y a de certain, c'est que j'ai été protégé de manière étonnante[1]. » Il y gagne une très belle citation à l'ordre de l'armée.

Toutefois, l'hiver venu, il paie la trop grande liberté prise avec les ordres par une mutation à

1. Comme bien des maîtres de guerre au XXe siècle – dont Churchill, de Gaulle, Patton, Montgomery, MacArthur, Mitchell et Mountbatten –, Leclerc sentira sa vocation militaire s'affirmer en sortant toujours indemne des pires affrontements.

Le lieutenant de Hauteclocque avec ses supplétifs du 38e goum de M'Zizel.

l'état-major de Rabat. Quitte à ne plus sentir l'odeur de la poudre, il préfère être nommé en février 1931 instructeur à Saint-Cyr. Va-t-il en profiter pour se consacrer à sa famille, qui va encore s'agrandir avec l'arrivée d'une fille ? Ce serait ne pas comprendre le virus qui l'habite désormais ; deux mois plus tard seulement, apprenant qu'un poste en première ligne se libère, il s'acquitte lui-même du billet de train pour se le faire attribuer. Et qu'importe qu'il soit alors, normalement, en permission ! Hélas, il arrive trop tard. Ce sera donc Saint-Cyr, où « Monsieur », comme il est de coutume d'appeler les instructeurs, va

Sous le commandement du capitaine de Hauteclocque,
l'escadron se prépare à charger au Marchfeld de Saint-Cyr.

marquer de son empreinte des générations de cavaliers. Son surnom en donne aisément le trait le plus marquant : « Barre de fer. » Sa réserve, ses sautes d'humeur[1], son indignation aussi face au laisser-aller fréquent dans l'après-guerre, tout le porte à l'intransigeance. Ses compliments, il est vrai, n'en sont que plus appréciés par des élèves très admiratifs devant sa classe et ses faits d'armes.

Le lieutenant accroît encore son prestige en utilisant à nouveau une permission pour aller se battre au Maroc à l'été de 1933. Prendre des vacances pour faire la guerre doit donc

1. Dues en partie aux effets du paludisme contracté au Maroc.

En 1933, l'officier se paie un billet d'avion pour gagner le Maroc pendant ses permissions.

Opération dans le massif du Kerdous (1933).

être l'apanage d'une certaine aristocratie dans le monde, puisqu'un Churchill avait fait de même à Cuba et aux Indes à la fin du XIXe siècle. Cette passion n'a pas de prix : alors que les Hauteclocque ne dépensent qu'avec parcimonie leur confortable patrimoine, l'officier n'hésite pas à prendre l'avion – un vrai luxe à cette époque. Et sans gêne aucune, il va frapper à la porte du prestigieux général commandant les confins, Henri Giraud. Non seulement il arrache le 2 août un commandement dans la région de Tinerhir, mais il se permet une nouvelle fois de redessiner

L'escadron sur le pont Alexandre-III pour le défilé parisien du 14 juillet 1936.

la manœuvre à sa guise. La baraka fait le reste : le 13 août, il conclut plusieurs jours d'affrontements intenses par le nettoyage complet du massif de l'Amdoun, ce qui lui vaut une deuxième palme à sa croix de guerre pour son « mépris du danger et un sens du terrain absolument remarquables »…

Chez cet officier déjà brillant, mais qui passe pour hautain en raison de son désintérêt pour les mondanités, la gloire peut se révéler contre-productive. Hauteclocque fait des jaloux et irrite certains de ses supérieurs ; ainsi, son coup d'éclat si peu ordinaire au Maroc ne lui rapportera la Légion d'honneur que deux ans plus tard. Malgré tout, il est promu capitaine en septembre 1935 et maintenu à Saint-Cyr, recevant pour deux ans le commandement des postulants de seconde année à la cavalerie – « l'escadron ». Il ne les ménage pas plus que lui-même et se fracture une jambe à la suite d'une chute de cheval, ce qui ne saurait l'immobiliser que brièvement. L'instruction automobile venant d'être introduite à l'école, il organise des manœuvres combinées avec l'aviation, manœuvres alors considérées comme révolutionnaires – en France tout au moins. À l'été 1937, le colonel Legentilhomme, commandant en second de l'école, le place sur un piédestal : « Possède au plus haut point l'esprit du devoir et le fanatisme de son métier, vertus qu'il s'est efforcé de communiquer à ses élèves et y a réussi. Joint à ses qualités d'intelligence, de travail, d'énergie et de modestie, la passion des responsabilités et du commandement et la plus haute valeur morale. Officier à pousser dans l'intérêt de l'armée. »

Resté disciple de Maurras et de Bainville, Hauteclocque observe avec consternation les troubles consécutifs à l'avènement du Front populaire, l'accumulation des affaires, les manifestations antimilitaristes – qu'il a fait charger après le défilé du 14 juillet 1935 – et surtout la montée du nazisme outre-Rhin. À l'époque où Hitler annexe l'Autriche, il suit les cours de l'École de guerre, dont il a eu la force de préparer seul le concours. Brièvement mobilisé en septembre 1938 lors la crise tchécoslovaque, il sort en tête de classement un an plus tard. À trente-sept ans, le voilà bardé de décorations, père de six enfants et promis au plus bel avenir, alors que ses camarades de promotion en sont encore à chercher une épouse et de quoi se mettre en valeur. Tout l'inciterait donc à se laisser porter par ce vent si favorable ; mais Philippe de Hauteclocque ne doit aimer que la tempête...

2

# PAR LE ROMAN OUBLIÉ

Lors de la déclaration de guerre, en septembre 1939, le capitaine de Hauteclocque est affecté à l'état-major de la 4e division d'infanterie, aux ordres du général Musse. Que ce soit au front, sur la ligne Maginot, dans la forêt mosellane ou au repos à Montreuil-sur-Mer, l'officier impressionne par une énergie qui lui fait conduire des incursions hardies dans les lignes ennemies, ou le ramène à son récent passé saint-cyrien lorsqu'il dirige activement l'instruction de la troupe. Assistant à la messe chaque matin, il se fie à la Providence et pense avoir le temps pour lui : « Chaque jour gagné, écrit-il à sa sœur le 6 mai 1940, constitue un bénéfice et permet de rattraper notre retard. » Mais quatre jours plus tard, le Reich passe à l'attaque. Comme prévu, la 4e division entre en Belgique avec l'armée du Nord, qu'elle accompagne bientôt dans son repli. Pendant un peu plus de deux semaines, le capitaine se dépense sans compter pour tenter de retarder l'inéluctable ; il est partout, au PC, en première ligne et auprès des unités encerclées. À partir du

À l'extrême gauche, le capitaine de Hauteclocque avec la 4e DI.

21 mai, son énergie est salutaire pour pallier la vacance de commandement du général Musse, blessé à la tête. Mais il faudrait des milliers de Hauteclocque pour rattraper les années d'avance prises par les Allemands…

Le 28 mai, le capitaine n'a plus aucune illusion : sa division est acculée à Lille avec les vestiges de l'armée du Nord, qui a perdu son chef, le général Giraud, capturé une semaine plus tôt. Au mieux, la 4e division va bientôt échouer derrière des barbelés ; mais c'est une hérésie pour Hauteclocque, qui estime avoir encore tant à donner au service de la France. Il demande et obtient la permission de s'évader, puis, comme aucun de ses camarades ne veut le suivre, il enfourche un vélo et prend seul la direction de la liberté.

## Retour au front

Les jours suivants vont être une succession de rebondissements picaresques, où l'officier en quête d'aide éprouve personnellement la résignation et l'effroi de ses concitoyens. De cache en cache, de portes fermées en patrouilles ennemies évitées de justesse, il atteint Cambrai le 29 mai, mais c'est pour être démasqué peu après à un poste de contrôle allemand. Papiers d'identité et ordonnance de quinine à l'appui, il prétexte avoir été réformé en raison de sa nombreuse progéniture et du paludisme contracté au Maroc. Il obtient gain de cause le 1er juin, mais la saillie de l'officier allemand qui l'interroge a valeur de coup de cravache sur un pur-sang : « Que dites-vous d'une nation dans laquelle, avec six enfants, on n'est plus tenu de défendre son *Vaterland* ! »

Le 4 juin, au sixième jour de sa fuite, le capitaine rejoint les lignes de la 23e division française, après avoir franchi à la nage le canal Crozat, à une dizaine de kilomètres au sud de Saint-Quentin. Le maître du secteur est un familier : le général Frère, patron de la 7e armée, commandait Saint-Cyr durant les quatre premières années que Hauteclocque y a passées comme instructeur. De la même trempe guerrière, Frère avait appuyé son escapade marocaine lors des congés d'été de 1933, et même demandé pour lui une promotion exceptionnelle au grade supérieur.

Il est naturellement ravi de récupérer cet officier de valeur, qui ne s'accorde qu'une parenthèse de deux jours pour rendre visite à son père et se faire confectionner un nouvel uniforme avant de retourner au front. Son but n'est pas d'inverser le cours d'une bataille qu'il sait perdue, mais d'éviter d'ajouter aux douleurs de la défaite le déshonneur de la passivité.

Voici donc le capitaine engagé à nouveau au sud de Rethel dans la nuit du 9 au 10 juin, au sein du PC du 2e groupement cuirassé. Celui-ci a été constitué hâtivement à partir des reliques de trois divisions blindées françaises et d'éléments d'une brigade cuirassée polonaise. « En somme, commentera-t-il avec l'humour froid hérité de son père, un essai tardif de *Panzerdivision*. En retard, comme toujours ! » Il ne s'en échine pas moins à communiquer sa formidable énergie à ces troupes malmenées mais opiniâtres. Sous son impulsion, les blindés de la 3e division cuirassée prêtent un coup de main salutaire aux fantassins du général de Lattre de Tassigny. Mais l'ordre de retraite générale tombe déjà ; pendant des jours, rien n'arrête la déferlante allemande – ni la Marne ni l'Aube. Le 15 juin, alors qu'il fait route vers la Seine, Hauteclocque est blessé à la tête lors d'un mitraillage de la Luftwaffe. Évacué à regret, il est pris en charge à Avallon par une infirmerie que les Allemands investissent le lendemain. Mais il n'est toujours pas question d'accepter une quelconque captivité ; trompant l'ennemi sur sa qualité d'officier et la gravité de sa blessure, il s'évade le 17 juin et entreprend de gagner le château d'Étaule, propriété du beau-père de sa sœur Colette. Très mauvaise surprise : l'ennemi y est déjà, fêtant au champagne sa victoire éclair. Pourtant, le capitaine téméraire récupère subrepticement des effets civils et un vélo qui, même trop petit, lui permet de rejoindre Paris trois jours plus tard, en passant par la forêt de Fontainebleau.

## Une voix dans la nuit

Se cachant au siège social des Wendel, non loin des Champs-Élysées, l'officier panse ses plaies. Bien plus que le simple cadre d'une pause indispensable après plus d'un mois de fracas, cet hôtel particulier du

3 de la rue Paul-Baudry est le second berceau de ce destin héroïque. Tout semble en effet écrit pour que le capitaine devienne le général de Hauteclocque et non le maréchal Leclerc. Ses états de service brillants, quoique singuliers, lui garantissent en effet le meilleur avancement ; de surcroît, son épouse et ses six enfants ont besoin d'un mari et d'un père pour affronter l'âpre période d'occupation qui s'annonce. Mais une voix vient perturber cette résignation à accepter le sort funeste réservé au pays. Le hasard – ou la Providence qui lui est si chère – veut en effet qu'il soit l'un des rares officiers à entendre Charles de Gaulle le 25 juin. Chez Hauteclocque, qui connaît ce général pour avoir lu *Vers l'armée de métier* et *Le Fil de l'épée*, l'appel sonne plutôt comme un rappel – celui, *in extremis*, du refus de la fatalité qui guide ses pas depuis la plus tendre enfance. De Gaulle apporte la démonstration que des Français peuvent encore servir leur patrie, même différemment et contre l'avis de leur nouveau gouvernement. Or, un Hauteclocque ne saurait baisser la garde avant que le dernier fusil ait parlé : « Tout ce que j'ai fait de grand, dira-t-il plus tard, je l'ai fait en désobéissant. » En l'occurrence, le capitaine ne désobéit pas à une hiérarchie qui n'existe plus, mais à la logique qui voudrait qu'un officier assuré de la plus belle des carrières fasse le choix de la sécurité…

À l'été de 1940, celui qui choisit le départ est beaucoup plus promis à un aller simple qu'à un aller-retour. Du fait de l'écrasante domination du Reich, il n'ouvre pas une

En juillet 1943, à Tailly, Marie-Thérèse et les six enfants du couple.
De droite à gauche : Henri, Hubert, Charles, Jeanne, Michel, Bénédicte.

parenthèse hardie, au bout de laquelle il retrouverait sa vie « d'avant », il donne à son destin une inflexion draconienne, qui le mènera sans doute vers la mort ou l'exil définitif. Hauteclocque le chrétien sait qu'il va s'éloigner très longtemps de sa « portée de marcassins », comme il s'amuse à désigner les enfants. C'est pourquoi il tient à les revoir une dernière fois avant le grand saut dans l'inconnu. Il lui faut là aussi toute sa détermination, car l'épreuve n'a rien d'anodin. À la mi-juin, pour échapper à l'avance allemande, les Hauteclocque sont en effet partis en convoi de Belloy vers les Vergnes, une propriété viticole de Gironde appartenant à la belle-famille du capitaine. Paris en est bien loin, et entre-temps la ligne de démarcation a été établie au franchissement de la Loire. Mais il en faudrait davantage pour décourager Hauteclocque, qui, le 26 juin, accomplit en voiture une première étape en s'arrêtant à Champiré, en Maine-et-Loire, chez sa sœur Yvonne. Celle-ci lui procure un *Ausweis* grâce à la complicité du maire et de l'abbé Brossier.

Hôtel du Panier fleuri à Bayonne où le capitaine de Hauteclocque a séjourné avant de franchir les Pyrénées.

Quatre jours plus tard, il retrouve les siens, qui le découvrent barbu, fatigué, la tête encore bandée… et les convictions vacillantes. Décider à Paris, loin des siens, de partir défendre l'honneur de la France est une chose ; passer à l'acte une fois entouré de ses enfants en est une autre. « Vous m'empêcherez d'être un médiocre », avait lancé Philippe à sa femme lors de leur mariage. À ce moment fatidique, Marie-Thérèse s'exécute. Leclerc expliquera par la suite qu'il se sentait libre, n'ayant pas de troupes à commander ; mais il est peu probable qu'il eût fait le même choix si Marie-Thérèse l'avait supplié de rester. En l'occurrence, voyant le doute l'assaillir, celle-ci lui ordonne presque de ne pas renoncer. Par son truchement, c'est comme si la France lui accordait son visa de sortie.

## Les Pyrénées en duel

Dès lors, plus rien ne pourra empêcher l'officier d'atteindre son but. Durant toute la guerre, Marie-Thérèse continuera par la pensée à guider ses pas et à soulager son âme assaillie par mille tourments. « Grâce à ta foi et à tes prières, lui écrit-il en juin 1940[1], je traverserai toutes les difficultés, mettant toutes mes forces au service du pays jusqu'à la victoire finale. » Le 4 juillet, il est à Bordeaux, avant de descendre jusqu'à Bayonne. Pour décrocher les visas vers l'Espagne et le Portugal il n'hésite pas à falsifier son passeport, puis à jouer la comédie en inventant des prétextes pour gagner les États-Unis ; mais rien ne prend.

1. En utilisant exceptionnellement le tutoiement.

Alors que sa femme, éperdue d'inquiétude, vient à sa rencontre avec enfants et neveux, lui qui en ignore tout décide de tenter à nouveau sa chance à l'autre extrémité des Pyrénées. Le 11 juillet, il tombe à Perpignan sur des fonctionnaires français et espagnols moins tatillons ; le soir même, il est à Cerbère. Le lendemain, la douane découvre les 15 000 francs qu'il emporte. Pris pour un trafiquant, il est arrêté, mais presque aussitôt relâché par un juge de Figueras qui n'inflige qu'une amende à un certain « François Leclerc ». Pour protéger les siens, en effet, l'emploi d'un pseudonyme lui a paru indispensable. Bien sûr, Hauteclocque ne modifiera pas pour autant son comportement, mais il ne peut être anodin que l'héritier d'une grande famille opte pour un nom si commun en Picardie. Bien loin d'un reniement, celui de ses origines, le choix symbolise la plus essentielle des fidélités, le service de la France : qu'importe l'abandon d'une particule ou d'une carrière, puisque aux yeux du régime de Vichy désormais en place, le capitaine de Hauteclocque est déjà un déserteur.

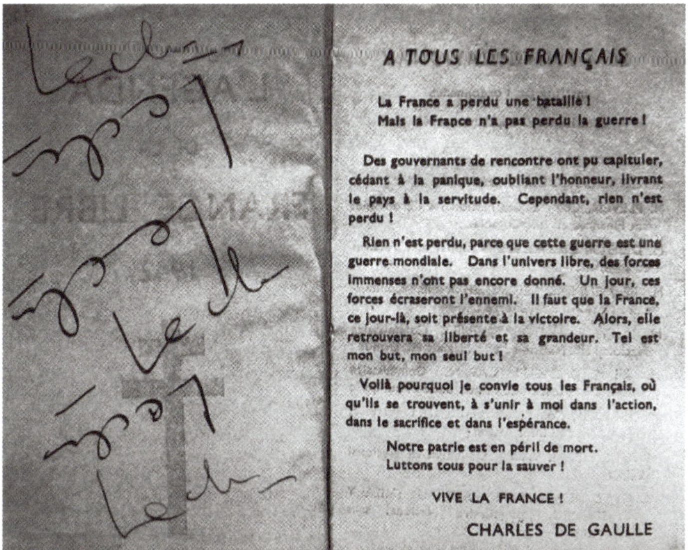


Le capitaine de Hauteclocque s'entraîne sur son calepin à signer dorénavant « Leclerc ».

IDENTITY CARD

(FOREIGN OFFICER)

Serial Nº 05175

This is to Certify that

Capitaine LECLERC François Louis

is a FRENCH Subject who is on approved duty in the United Kingdom in the Official Capacity of

Officer in the Forces of

General de Gaulle

He is exempted from [illegible] provisions of the Aliens Order and should be afforded all facilities necessary for the discharge of his Official Duties.

Department recommending: Nº 20 Military Mission

LE CHEF DU 2e BUREAU

Signature of Bearer: F Leclerc

Issued and Registered by General de Gaulle's Headquarters.

Date 28th July 1940.

Official Address of Bearer: 4 Carlton Gardens London.

Première carte d'identité utilisant le pseudonyme.

Le soir du 16 juillet, avec 10 dollars-or cousus par Marie-Thérèse dans ses vêtements, Leclerc parvient à Lisbonne, après un passage par Madrid. L'ambassade de Grande-Bretagne se fait un plaisir de lui délivrer un visa, et neuf jours plus tard il débarque à Liverpool, terre honnie de ses ancêtres – et plus encore depuis la canonnade de Mers el-Kébir. Mais cela ne le dissuade pas davantage que le petit nombre d'individus de son espèce ayant rejoint la France libre ; d'ailleurs, leur enthousiasme lui fait chaud au cœur. Ce qu'il veut désormais, c'est rencontrer celui qui l'a décidé à bouleverser sa vie un mois plus tôt ; leur alliance est aussi inéluctable que celle de l'épée et de son fourreau. Personne ne sait au juste ce que de Gaulle et lui se sont dit au QG de Carlton Gardens le 25 juillet, mais l'opiniâtreté, l'obsession même dont Leclerc a fait preuve depuis Lille est exactement ce que recherche de Gaulle pour servir son projet démesuré de faire accepter au monde l'idée que la France, contrairement à toutes les apparences, n'a jamais cessé de combattre….

## Le choix de l'arme

En mal d'officiers, de Gaulle promeut séance tenante chef d'escadron cette nouvelle recrue qui aspire à prendre le képi blanc. Et pour cause : la seule unité terrestre véritablement constituée en Angleterre est la 13e demi-brigade de Légion étrangère, dont la moitié des effectifs rentrés de Norvège a décidé de rester en Angleterre plutôt que de partir pour le Maroc. À la tête de ces neuf cents hommes se trouve l'image d'Épinal du légionnaire, le colonel Raoul Magrin-Vernerey, alias Monclar, quarante-huit ans et presque autant de Légion[1]. « Je lui dois ma carrière », dira Leclerc, qui voit pourtant son offre de service rejetée ; sans doute précédé par sa réputation de cavalier hautain à Saint-Cyr, il n'a pas su convaincre les biffins. Dès lors, où aller ? Il y a bien les chars du lieutenant Volvey, eux aussi rapatriés de Narvik, mais le rendez-vous avec les blindés est remis à plus tard...

Pour finir, c'est en Afrique que de Gaulle décide de l'envoyer, en lui confiant une mission à la démesure du moment : rallier l'Afrique-Équatoriale française et le Cameroun à la France libre, avec l'aide du juriste René Pleven et du capitaine Claude Hettier de Boislambert. Mission vitale : l'Afrique-Occidentale française s'étant rangée derrière Vichy, l'AEF est pour de Gaulle l'unique espoir de lever ce semblant d'armée qui lui permettra de parler fort avec les Alliés. Au vu de son ignorance complète de l'Afrique noire et d'une incompatibilité prévisible avec la Coloniale[2], il y aurait de quoi faire réfléchir Leclerc. Mais ce serait compter sans sa foi en l'axiome qu'il a établi une bonne fois pour toute, dès son départ de Paris : la France, c'est de Gaulle, et de Gaulle, c'est la France... Si le Général estime que Leclerc peut se rendre utile pour une tâche étrangère à tout ce qu'il a fait jusqu'à présent, eh bien, va pour l'Afrique !

1. Il y avait postulé en vain dès l'âge de quinze ans.

2. La rivalité entre la cavalerie et la Coloniale était légendaire.

3

# UN CAVALIER EN AFRIQUE

Pour juger de l'audace du plan imaginé par de Gaulle, il suffit de relever avec quelle délectation Churchill, esthète en la matière, prête l'un de ses propres avions, le *Clyde*, ayant seul l'autonomie suffisante pour, entre le 6 et le 7 août, sauter du Portugal à la Gambie britannique sans avoir à faire le plein à Dakar. Les jours suivants, à Bathurst puis à Freetown, Pleven, Boislambert et Leclerc, transformés en apôtres de la France libre, rencontrent leurs compatriotes qui, s'ils font montre d'enthousiasme, sont très peu nombreux à rallier le mouvement. Le 12, c'est le terminus, Lagos, où ils sont accueillis avec un même mélange de sympathie et de frilosité par les autorités britanniques qui redoutent l'agitation que ces envoyés pourraient créer chez les grands voisins français. En particulier, Leclerc a fort à faire avec le commandant en chef de la région, le général Giffard, qui ne veut en aucun cas que la croix de Lorraine puisse être associée à l'Union Jack ; mais son anglophobie quasi génétique l'y préparait en quelque sorte. Dès son arrivée, il réclame d'urgence un coup de force au Cameroun qui, selon les dernières informations, serait mûr pour le ralliement après un pas de deux en juillet qui a vu le haut commissaire Richard Brunot prendre attache avec Londres avant que Vichy ne fasse le ménage. Giffard lui réplique sans ambages n'avoir à disposition qu'un bataillon de tirailleurs sénégalais, échoué en Gold Coast (Ghana) au gré des événements, et dont les officiers refuseraient de tirer sur des Français. Nouvelle preuve de la détermination de Leclerc, l'éventualité ne le rebute pas : « Nous ne serons pas responsables si l'autre camp ouvre le feu en premier », explique-t-il.

De toute façon, il est encore trop tôt pour une opération. En priorité absolue, le commandant Leclerc parvient à recruter quelques officiers au sein du bataillon sénégalais dont la troupe, exceptionnellement, se voit aussi offrir le choix de rallier ou non. Arrivé, lui, des troupes du Levant dont il était le chef d'état-major, un colonel à l'énergie providentielle en ces temps de tergiversation vient renforcer le trio parti de Londres, Edgard de Larminat. Ayant fait étape à Fort-Lamy, il témoigne de l'impatience de la plupart des autorités civiles et militaires à offrir le Tchad à la France libre. Le territoire est donc préféré au Sénégal et à la

Côte d'Ivoire, un temps envisagés, pour cadre de la toute première action. René Pleven se charge lui-même d'aller y apporter au gouverneur Éboué le coup de pouce nécessaire au basculement définitif. Leclerc cependant n'a pas renoncé au Cameroun où les heurts entre pro et anti-de Gaulle se multiplient. Godfrey Allen, officier des services de renseignements de Sa Majesté, certifie que les partisans de Douala n'attendent plus qu'un chef. Il ne pouvait espérer meilleur interlocuteur ! Leclerc n'a pas à se forcer pour monter un plan osé, la prise de Douala avec trois cents tirailleurs, qui, grâce à l'effet de sidération, fera ensuite chavirer le reste du pays. Le tout avec un jour J très proche, le 28 août, car il faut absolument prendre de vitesse Vichy qui a nommé de nouvelles autorités…

## « Ne me dites pas que c'est impossible ! »

Malgré l'avis favorable du War Office et de Churchill, le général Giffard, en logique avec son extrême circonspection, met son veto. Le 24 août, il demande même au navire qui transporte Leclerc vers Victoria, capitale de l'enclave britannique du Cameroun, de faire demi-tour. Mais l'audace du Français est contagieuse : le commandant de bord le dépose quand même à bon port. Toutefois, l'opposition du commandant en chef oblige à revoir les plans, car pour transporter les tirailleurs, il faut des camions que Leclerc espérait récupérer chez les Britanniques. La désertion massive des Sénégalais, probablement travaillés par les agents de Giffard, règle finalement son problème. D'autres que lui se seraient résignés ; à trois cents, la partie semblait aride, mais avec les seuls compatriotes présents à Victoria, elle s'annonce hors de portée. « Ne me dites pas que c'est impossible ! », répète depuis vingt ans Leclerc à tous les subordonnés et élèves passés sous sa coupe. Dans la nuit du 26 au 27 août, ils sont donc vingt-deux[1] à l'entendre déclamer dans un hangar de Tiko : « Nous allons libérer le Cameroun ! » Et pour ne rien gâter, le temps presse puisque les nouveaux gouverneur et commandant militaire nommés par Vichy doivent arriver dans les vingt-quatre heures…

1. Dont certains ne le quitteront plus jusqu'à Berchtesgaden.

Face à pareil défi, seule la ferveur d'une cause considérée comme sacrée peut empêcher le commando de prendre leurs jambes à son cou. Leclerc dispose néanmoins d'un argument encourageant : le jour même, Félix Éboué, épaulé par René Pleven et le lieutenant-colonel Jean Colonna d'Ornano, a proclamé le ralliement du Tchad. À 4 heures du matin, l'équipée prend la mer pour quasiment vingt-quatre heures de navigation dans des eaux difficiles, peuplées de toutes sortes d'ennemis – du crocodile au douanier. Comme pour débuter l'opération sur les plus mauvaises bases, Leclerc tombe à l'eau en mettant pied à terre à 2 heures, le 28 août ; de plus, il ne trouve pas le comité d'accueil prévu, et quand celui-ci se réunit finalement dans la maison du docteur Mauzé, son défaitisme est patent. Qui n'en serait atteint face à ce commandant paraissant encore plus jeune que son âge, s'étant autopromu colonel pour en imposer, mais qui ne peut cacher qu'il ne faudra compter sur personne d'autre que ceux qui l'ont accompagné ? Avec des accents déjà gaulliens, il tente de réveiller les ardeurs en déclarant que « les autres colonies suivront l'exemple de ce territoire, et ce sera la France entière,

Le nouveau colonel Leclerc passe en revue les troupes dans Douala tout juste conquise.

retrouvée dans son empire, qui continuera la lutte aux côtés de l'Angleterre ». Leclerc mise beaucoup sur un capitaine assis en fond de salle, Louis Dio, qui écume le Sahara depuis sa sortie de Saint-Cyr.

– Et vous, Dio, lui lance-t-il, qu'en pensez-vous ?

– Mon Colonel, je suis avec vous !

L'homme ne marche qu'au *feeling*. La « gueule » du colonel, avouera-t-il, lui plaît ; il le suit. Après distribution des tâches, le groupe de conjurés se disperse dans Douala avec le peu d'armes en sa possession. Les points névralgiques sont occupés sans coup férir, et à 11 heures, Leclerc, qui se promeut cette fois commissaire général, proclame le ralliement du Cameroun à la France libre. Churchill lui-même en est ébahi, qui renverra toujours à l'opération ceux qui lui sembleront trop douter.

## Il y a du de Gaulle dans Leclerc

Pourtant, seule Douala est pour l'heure acquise. Leclerc dépêche des émissaires dans le reste du pays, notamment à Yaoundé le lieutenant Robert Quilichini, dont le commandant militaire du Cameroun, le colonel Bureau, a été le supérieur en Indochine. La compagnie Dio surgit à son tour le 28 août dans la ville, qui tombe sans combat. Cette fois, de Gaulle peut bien revendiquer le contrôle sur l'ensemble du pays, comme sur le Moyen-Congo, passé simultanément sous l'étendard à croix de Lorraine grâce à l'activisme de Larminat et au quadrillage de Brazzaville par le commandant Delange.

Le Cameroun est un tremplin pour Leclerc. En premier lieu, le chef de la France libre confirme ses cinq galons au cavalier qui a prouvé combien il pouvait entraîner par la force de sa volonté. Le Cameroun fournit une escouade de guerriers qui seront l'ossature de la 2ᵉ DB : Dio, Quilichini, mais aussi le capitaine Crépin et le lieutenant Dronne. Si jamais Leclerc s'interrogeait encore sur la pertinence de son départ de France, cet épisode survient comme une validation ultime. D'où une radicalisation dans son discours qui lui fait rejeter violemment « les gens de Vichy ». Ceux-ci, déclare-t-il à la radio sans leur accorder la moindre

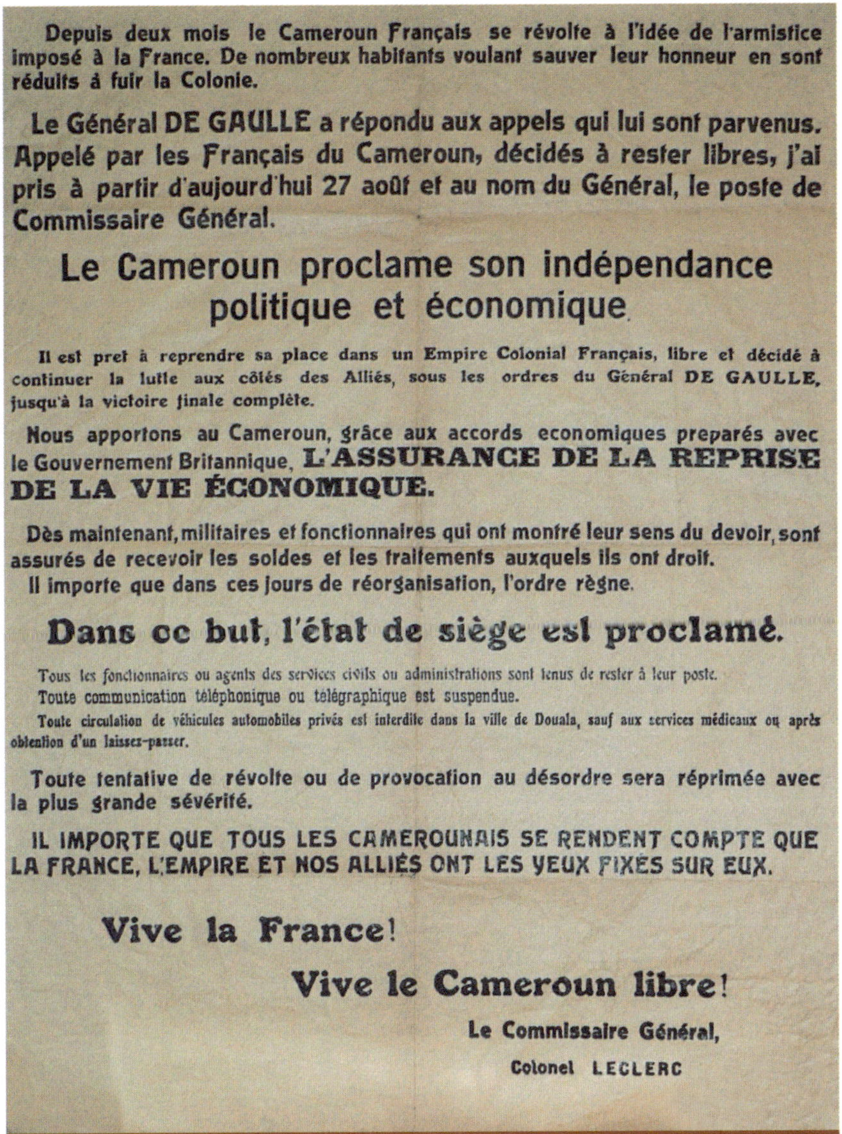

Depuis deux mois le Cameroun Français se révolte à l'idée de l'armistice imposé à la France. De nombreux habitants voulant sauver leur honneur en sont réduits à fuir la Colonie.

Le Général DE GAULLE a répondu aux appels qui lui sont parvenus. Appelé par les Français du Cameroun, décidés à rester libres, j'ai pris à partir d'aujourd'hui 27 août et au nom du Général, le poste de Commissaire Général.

**Le Cameroun proclame son indépendance politique et économique.**

Il est pret à reprendre sa place dans un Empire Colonial Français, libre et décidé à continuer la lutte aux côtés des Alliés, sous les ordres du Général DE GAULLE, jusqu'à la victoire finale complète.

Nous apportons au Cameroun, grâce aux accords economiques preparés avec le Gouvernement Britannique, **L'ASSURANCE DE LA REPRISE DE LA VIE ÉCONOMIQUE.**

Dès maintenant, militaires et fonctionnaires qui ont montré leur sens du devoir, sont assurés de recevoir les soldes et les traitements auxquels ils ont droit.

Il importe que dans ces jours de réorganisation, l'ordre règne.

**Dans ce but, l'état de siège est proclamé.**

Tous les fonctionnaires ou agents des services civils ou administrations sont tenus de rester à leur poste.

Toute communication téléphonique ou télégraphique est suspendue.

Toute circulation de véhicules automobiles privés est interdite dans la ville de Douala, sauf aux services médicaux ou après obtention d'un laissez-passer.

Toute tentative de révolte ou de provocation au désordre sera réprimée avec la plus grande sévérité.

IL IMPORTE QUE TOUS LES CAMEROUNAIS SE RENDENT COMPTE QUE LA FRANCE, L'EMPIRE ET NOS ALLIÉS ONT LES YEUX FIXÉS SUR EUX.

**Vive la France!**

**Vive le Cameroun libre!**

Le Commissaire Général,

Colonel LECLERC

Proclamation du colonel Leclerc juste après la prise de Douala.

circonstance atténuante, « se sont laissé arracher une capitulation honteuse. Cette lâcheté inspirait surtout le dégoût quand on connaissait leur écroulement moral et intellectuel, ils semblent décidés maintenant à continuer la guerre dans le camp allemand, j'appelle cela de la trahison. [...] Leurs ennemis sont les ennemis d'Hitler. Leurs alliés sont les alliés d'Hitler. Voilà le fait brutal qui domine le drame. On parlait jusqu'ici de l'axe Berlin-Rome, je crois que nous pouvons également parler de l'axe Berlin-Vichy ».

Le Cameroun est enfin la première occasion pour Leclerc de démontrer qu'il n'est pas qu'un soldat ; prenant très à cœur sa fonction de commissaire général, il arpente le pays pour en faire une vitrine. La réussite de la relance économique conçue avec René Pleven est capitale pour démontrer à toute l'Afrique la pertinence du ralliement à la France libre. Mais c'est bien entendu sur le plan militaire que Leclerc se distingue le plus. Il y a en lui du Giraud, qui s'écriera bientôt « Un seul but, la victoire ! », lorsqu'il explique : « Je suis un soldat. Rien d'autre ne compte pour moi que de mener la guerre, rien d'autre ne le devrait pour tout soldat. » Il y a aussi en lui du de Gaulle quand il lance à la radio aux « Français de l'AOF, Français de Dakar, Français de l'Afrique du Nord » : « L'heure sonne pour vous. Le devoir vous appelle. Écoutez, venant de France, la supplique de votre mère, de votre femme, écoutez la voix de votre fils qui vous parle : "Toi, qui es encore libre, lutte pour nous délivrer, sois digne de notre courage à nous, qui ne pouvons plus rien. Nous t'en supplions, dresse-toi, fier, aux côtés de ceux qui combattent pour abattre nos oppresseurs." » Mais il y a surtout du Leclerc de Koufra quand le colonel expose

Avec Mgr Bouc, évêque de Nkongsamba (septembre 1940).

sa foi inébranlable : « Les tirailleurs de Mangin ont monté la garde à Mayence, ceux du Cameroun leur succéderont. Combien de mois, combien d'efforts réclamera la victoire, je l'ignore, mais nous l'aurons ! »

## Des Français pour ennemis ?

Le début de l'automne 1940 n'a pourtant rien d'encourageant : le 8 octobre, Leclerc voit venir à lui le corps expéditionnaire avec lequel de Gaulle espérait prendre le contrôle de Dakar ; un échec total, brisant net la spirale de conquêtes du mois d'août, et qui aurait même pu être fatal à la France libre sans le pouvoir mobilisateur du général de Gaulle. Le mouvement, il est vrai, n'est plus une chimère, comme le restera le

Après l'échec de l'opération sur Dakar, le colonel Leclerc accueille à Douala le général de Gaulle et son corps expéditionnaire.

gouvernement polonais en exil à Londres. Il peut désormais revendiquer près de 18 000 soldats grâce aux bataillons de tirailleurs d'AEF, faire du commerce, offrir aux Alliés un raccourci pour l'océan Indien. En somme, après l'âme et la voix, celles du Général, il a désormais un corps. Et Leclerc n'imagine pas qu'il ne soit utilisé dans les délais les plus rapides. C'est ce qu'il plaide en tout cas auprès de De Gaulle, qu'il accompagne dans sa tournée de l'AEF.

Il est écrit toutefois que la France libre, née dans le désastre, ne pourra grandir que dans la douleur. À défaut de rallier l'AOF, il lui reste en effet à régler le cas du Gabon, seul territoire d'AEF à lui échapper encore. Ici, Vichy l'a prise de vitesse : après avoir hésité, les autorités sont restées fidèles au Maréchal, qui leur a envoyé des renforts militaires importants, dont un sous-marin et des avions. Depuis le 15 septembre, des colonnes FFL motorisées s'y sont infiltrées des contrées voisines, avec Lambaréné pour point de convergence. Bien optimiste vu le terrain compliqué ; Leclerc y a même engagé une partie des chars du lieutenant Volvey, arrivés de Londres avec de Gaulle. Mais il n'y a pas de miracle : la forêt gabonaise étouffe littéralement les ardeurs *Free French* et l'opération s'enlise. Comme au Maroc, comme pendant la campagne de France, Leclerc vient s'en rendre compte par lui-même, n'hésitant pas à jouer les éclaireurs au village de Mitzic devant lequel il s'agace de voir Dio s'immobiliser. Arrivé le premier à Lambaréné, le commandant Parant bute sur des défenseurs totalement hostiles à toute idée de ralliement ; le combat semble inévitable.

Ce n'est pas le dégoût de tirer sur des Français qui, pour l'instant, en détourne Leclerc, mais sa lecture de la situation. Pour faire chavirer le territoire d'un seul bloc, il ne voit d'autre solution que de frapper directement en son cœur, Libreville. Avec la *vista* du chasseur, il propose donc un coup de force par les bayous, là où il est le moins attendu. Mais de Gaulle rechigne. Le précédent s'est soldé par la faillite à Dakar : des Français ont tué des Français sous le regard des Britanniques ; une répétition serait rédhibitoire pour le mouvement. Toutefois, porté par l'euphorie de ses propres succès, Leclerc ne

La progression pénible des blindés de la France libre dans la forêt gabonaise.

renonce pas. Fermement relayé par Larminat, dont la hargne n'a rien à envier à la sienne, il décroche un feu vert, qui passe presque aussitôt à l'orange. De Gaulle, en effet, met quatre conditions à l'opération, dont le maintien d'un dialogue permanent avec les troupes adverses afin de limiter au minimum les pertes dans les deux camps, mais aussi le soutien naval des Britanniques. Or, la rencontre de Montoire le 24 octobre pousse Churchill à suspendre toute participation de sa flotte tant que le contenu de l'échange entre Pétain et Hitler ne sera pas connu. De surcroît, le capitaine de frégate Thierry d'Argenlieu, en charge de la partie maritime, pointe les faiblesses du plan de Leclerc qui pècherait par excès de hardiesse. Le colonel, en effet, ne se refait pas : en cavalier qui n'a guère d'expérience de ce que l'on appellera au XXIe siècle l'« interarmées », il parie beaucoup sur l'impact de sa force de frappe terrestre, en négligeant l'appui de l'aviation[1] et de la flotte. Il n'ignore pas ses lacunes, mais l'essentiel demeure pour lui de prendre l'ascendant moral. Et puisqu'il ne parvient pas à convaincre, il se dispense de l'accord de Thierry d'Argenlieu pour distribuer les premiers ordres aux marins français.

## Le premier débarquement

Il en va ainsi de Leclerc : selon les enseignements dispensés par les jésuites, seul compte le but. Pour libérer la France de l'Occupation, il a tourné le dos à l'institution militaire qu'il chérissait ; ce n'est pas pour s'embarrasser dorénavant de ce qu'il appelle des « imperfections de détail ». Seule l'évolution du régime de Vichy à la fin octobre permet d'éviter une crise violente au sein du commandement FFL, mais aussi au sommet de la France libre puisque, depuis le 27 octobre, Leclerc et Thierry d'Argenlieu sont membres du Conseil de défense de l'Empire, embryon de gouvernement en exil créé à Brazzaville. De Gaulle pense en effet que la décision de Pétain trois jours plus tard d'entrer « dans l'honneur [...] dans la voie de la collaboration » convaincra enfin le gouvernement de Sa Majesté de lever les dernières préventions dont il fait l'objet. Furieux de constater qu'il n'en est rien, il

1. Même s'il est breveté observateur aérien.

ne met plus pour condition à son accord en faveur d'une intervention à Libreville que la prise préalable de Lambaréné, avant de la lever sous la pression de Leclerc, rejoint pour l'occasion par Thierry d'Argenlieu et son homologue de l'aviation, le commandant de Marmier. Des Français vont donc encore tirer sur des Français…

Le *patchwork* des troupes retenues vaut un condensé de l'histoire des semaines précédentes : le gros est constitué par deux compagnies de la 13e demi-brigade de Légion étrangère venues de Londres avec l'auréole de leurs faits d'armes en Norvège. Une « légion » du Cameroun, aux ordres du commandant Bouillon, assure le complément. La marine britannique en est finalement aussi, l'amiral Cunningham, qui commande dans l'Atlantique Sud, arguant auprès de sa hiérarchie des moyens trop faibles des *Free French*. Embarquement le 5 novembre à Douala ; deux jours plus tard, l'expédition aborde la baie de Mondah, au nord de Libreville ; l'effet de surprise n'est plus envisageable puisque l'aviation de Vichy repère la flottille et la mitraille, occasionnant des pertes. Il n'est pas question pour Leclerc de rebrousser chemin. Le 8 novembre, il débarque sur l'île de Manoma, choisie comme sas d'entrée, où règne une certaine confusion. Le soir venu, il prend lui-même la tête de la troupe qui s'en va débarquer sur les côtes gabonaises. Avant le dernier coup de rein, il réunit les officiers à l'abri de la forêt et distribue les missions : aux « Camerounais », qui connaissent le mieux le terrain, l'avant-garde ; ils seront suivis par les légionnaires qu'emmène le commandant Marie Pierre Kœnig, puisque le colonel Magrin-Vernerey, avec quelques autres, a refusé de combattre des compatriotes.

À 8 heures du matin, les FFL s'élancent, mais c'est pour se heurter partout à une âpre résistance. L'aérodrome en particulier doit finalement être contourné. Les balles semblent galvaniser Leclerc ; le colonel s'efface pour laisser place au lieutenant intrépide de la pacification marocaine. Ne quittant pas la première ligne, il échappe de peu à la mort, mais à la nuit tombée le bilan reste maigre. À terre du moins, car au large les marines française et britannique ont riposté à celle de Vichy, coulant l'aviso *Bougainville* et touchant le sous-marin *Poncelet*, qui s'est sabordé. En conséquence, le colonel Claveau, commandant militaire du Gabon, demande un cessez-le-feu, mais uniquement à Libreville. Leclerc bondit sur l'occasion ; dans la nuit du 9 au 10, il pousse ses légionnaires et tirailleurs vers la capitale, où ce sont des marins de la France libre qui les accueillent, puisque Thierry d'Argenlieu a parallèlement obtenu la reddition du général Têtu, tout récemment nommé par Vichy gouverneur général de l'AEF.

Le Gabon est conquis, car peu après il suffit au chef d'état-major de Leclerc, le capitaine Tutenges, de se présenter à Port-Gentil pour que s'évanouissent les velléités de certains d'y prolonger la résistance. Pour autant, le triomphe est de très courte durée car personne n'oublie qu'il a été acquis au prix de 7 tués et 23 blessés du côté des FFL, 26 morts et 725 prisonniers du côté de Vichy. « Heureux nos camarades qui sont morts vainqueurs », déclare Leclerc à l'enterrement du capitaine Despian, très apprécié chez les Français libres. Comme c'est lui qui a arraché l'opération au général de Gaulle, le colonel ne saurait regretter, au moins publiquement, la violence des échanges. Ainsi Thierry d'Argenlieu ne se prive-t-il pas de lui reprocher sa tendance à accaparer tous les lauriers, au détriment de la marine FFL qui fut au moins aussi décisive que les hommes de Koenig et Bouillon. Leclerc démontre encore sa détermination en faisant emprisonner, sans leur parler, les autorités vichystes, y compris – lui, le catholique pratiquant – l'évêque de Libreville, Mgr Tardy. Puis il s'en va tenter de rallier à lui les troupes du Gabon, sans grand succès vu le gouffre creusé par les derniers événements.

## Une déception fondatrice

Leclerc ne s'embarrasse pas du peu de recrues. Regardant toujours devant lui, il préfère se préoccuper à nouveau du Cameroun, « son » Cameroun, où il se voit peaufiner « une belle œuvre française » en tant que commissaire général. Le ralliement à de Gaulle a été chez lui le révélateur de nouvelles aspirations. Leclerc ne se voit plus seulement comme officier supérieur, mais comme administrateur civil ; or, la France

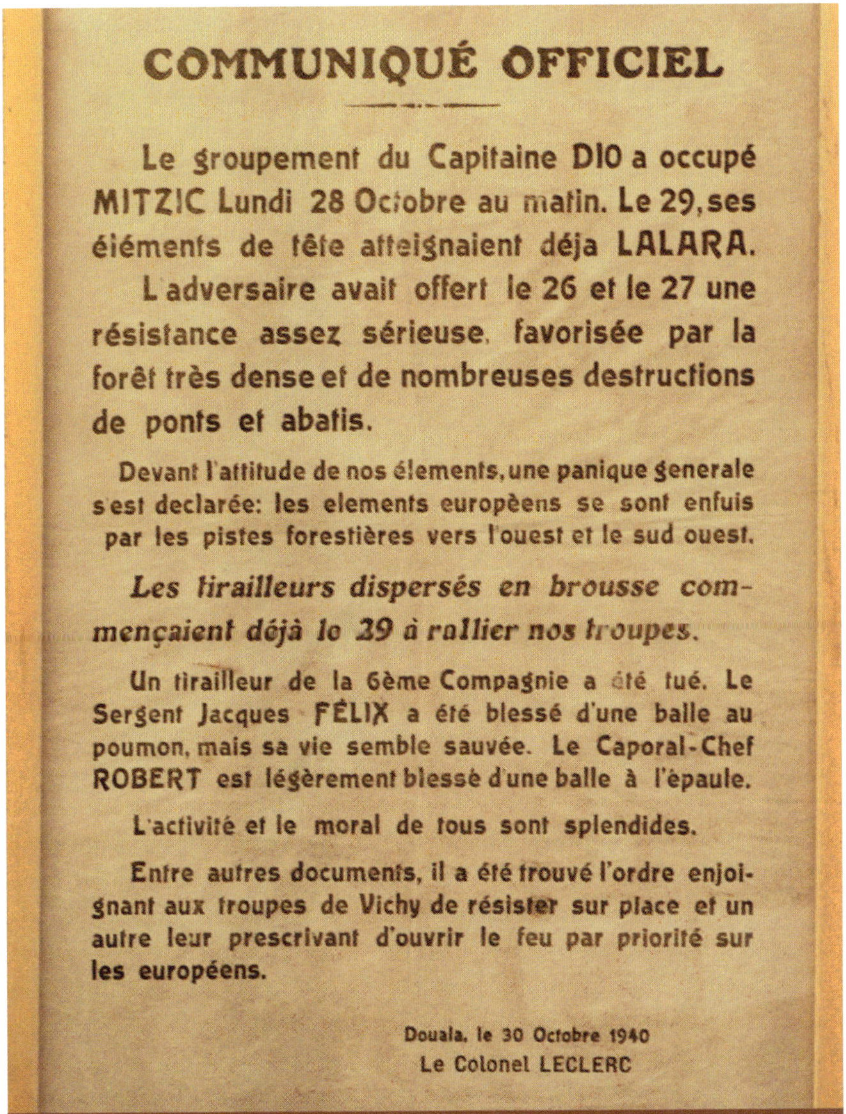

COMMUNIQUÉ OFFICIEL

Le groupement du Capitaine DIO a occupé MITZIC Lundi 28 Octobre au matin. Le 29, ses éléments de tête atteignaient déja LALARA.

L'adversaire avait offert le 26 et le 27 une résistance assez sérieuse, favorisée par la forêt très dense et de nombreuses destructions de ponts et abatis.

Devant l'attitude de nos élements, une panique generale s'est declarée: les elements européens se sont enfuis par les pistes forestières vers l'ouest et le sud ouest.

*Les tirailleurs dispersés en brousse commençaient déjà le 29 à rallier nos troupes.*

Un tirailleur de la 6ème Compagnie a été tué. Le Sergent Jacques FÉLIX a été blessé d'une balle au poumon, mais sa vie semble sauvée. Le Caporal-Chef ROBERT est légèrement blessé d'une balle à l'épaule.

L'activité et le moral de tous sont splendides.

Entre autres documents, il a été trouvé l'ordre enjoignant aux troupes de Vichy de résister sur place et un autre leur prescrivant d'ouvrir le feu par priorité sur les européens.

Douala, le 30 Octobre 1940
Le Colonel LECLERC

Affiche du 30 octobre 1940 expliquant à la population camerounaise la conquête du Gabon par les Forces françaises libres.

La maison du général à Fort-Lamy.

libre n'est pas assez riche pour se priver de ses compétences guerrières. Le Gabon achevé, de Gaulle l'envoie donc à la tête du régiment de tirailleurs sénégalais, au Tchad, dont le gouvernorat revient à l'ancien député de Nancy, Pierre-Olivier Lapie. Indubitablement, Leclerc accuse le coup, mais cela ne dure pas. Même s'il ne se privera jamais de lui adresser des reproches, de Gaulle est le chef qu'il s'est choisi, et il ne saurait lui faire faux bond, particulièrement en ces heures toujours si périlleuses. Il perçoit de plus très vite la géographie stratégique du Tchad, promontoire de la France libre dans l'océan d'une Afrique du Nord et de l'Ouest aux mains de Vichy et des forces de l'Axe. De Gaulle a été très clair le 21 octobre, dernier jour de sa tournée en AEF : la Libye et l'Érythrée seront les premières cibles militaires de la France libre. Dans les confins du royaume des Senousis, il a même précisément pointé les oasis de Mourzouk et de Koufra…

Un autre problème attend Leclerc à son atterrissage le 25 novembre : bien que N'Djamena et Yaoundé vivent à la même heure, le colonel a la désagréable sensation d'un territoire en décalage horaire par rapport au reste de l'AEF. Pour le Tchad, en effet, le ralliement à la France libre a été une formalité. Trois mois se sont écoulés depuis, trois mois d'attente qui ont parfois eu raison de l'euphorie initiale. Le choc avec la troupe locale s'y révèle donc beaucoup plus compliqué qu'au Cameroun. Comme tous les caractères réservés, Leclerc a le réflexe de se retrancher derrière l'autorité pour dissimuler sa difficulté à nouer le contact. Aux durs à cuire des groupes nomades, habitués à compenser leurs conditions de vie des plus extrêmes par une certaine distance avec la discipline, il réclame ainsi une obéissance et une motivation de tous les instants, qui ne peuvent que lui aliéner toute sympathie. À vrai dire, ses débuts au Tchad font même craindre une erreur de *casting*. Mais il s'adapte, oublie peu à peu le superflu pour se concentrer sur l'essentiel : la libération de la mère patrie. Comment les hommes ne pourraient-ils se ranger derrière lui les uns après les autres quand il leur déclare, avec toujours cette obsession de se fixer un objectif, même lointain : « Je promets qu'un jour vous débarquerez en France et que je serai à votre tête » ?

## Faire beaucoup avec très peu

La reconquête ne commence pas vraiment comme espéré, puisque le régiment de tirailleurs sénégalais du Tchad (RTST), fort de 6 500 hommes, se voit mis à contribution pour l'Érythrée, qui sera le théâtre de la prochaine campagne de la France libre aux côtés des Britanniques. Un de ses bataillons, aux ordres du commandant Garbay, part rejoindre la brigade d'Orient qui engagera le fer le 18 février 1941. Être privé d'une partie de ses forces, déjà modestes, est un coup d'autant plus dur pour Leclerc que la première bataille majeure de la France libre contre l'Axe se déroule sans lui. De là aussi sa décision de fixer tout de suite à ses troupes leur propre but en Libye : ce sera Koufra, plutôt que la capitale du Fezzan, Mourzouk, qui aurait à ses yeux nécessité plus de temps. L'oasis n'en reste pas moins un défi au dieu Mars : depuis le

Afrique, 1940-1943.

début de la guerre, personne au Tchad n'est encore allé plus haut que Faya-Largeau ; or, pour gagner Koufra, il faudra couvrir 600 km supplémentaires. En 1931, sa conquête par les Italiens a nécessité 3 000 hommes, 300 camions, quantité de blindés ; en 1940, l'état-major français a estimé à 100 000 litres la consommation d'essence correspondante !

Évidemment, Leclerc n'a pas tout cela ; mais le défi de réussir une opération *a priori* vouée à l'échec charme l'ancien baroudeur du Rif, et s'inscrit dans la méthode du nouveau commandant militaire pour mobiliser ses troupes. Elles qui se plaignaient de ne pas être employées à leur juste valeur, les voilà désormais servies ! Sollicitant l'avion comme autrefois son cheval, il sillonne tout le pays pour rendre visite aux troupes les unes après les autres. Partout sa raideur agace, mais elle s'efface quand il incite à l'esprit d'initiative. Plus que tout, note le capitaine Maurice Sarazac au groupe nomade du Tibesti, « il ne pense qu'à tomber sur le dos des Italiens, et c'est bien cela que nous attendions ». Heureusement, l'officier ne lit pas par-dessus l'épaule du colonel lorsque celui-ci écrit au général de Gaulle à la fin de l'année 1940, en conclusion de sa tournée : « J'ai parfois envie de tout laisser tomber. » Outre le monde des méharistes, qui n'est décidément pas le sien, Leclerc se frotte en effet au commandement de l'Afrique française libre (AFL)[1], qu'il ne sent pas aussi déterminé que lui. Mais comment l'être ? Il n'y a que Larminat, nommé haut-commissaire, pour pouvoir l'égaler. Ensemble, ils tentent de faire comprendre au général de Gaulle les dangers du projet qu'il entretient toujours de rallier l'AOF et plaident en faveur d'une action sur Koufra, plus ciblée, mais avec des retombées certaines en termes de propagande.

Le centre de gravité du Tchad se déplace vers le nord, à Faya-Largeau, où le raid se prépare. Plus de cent soixante véhicules y sont massés ; c'est peu en comparaison des plans initiaux de l'armée française, mais énorme au vu de la pauvreté de l'AFL. Trois mille chameaux compenseront à peine. L'effectif est à l'avenant : en tout et pour tout, quatre cent deux hommes, soit les deux sections d'infanterie du lieutenant Jacques Florentin, le groupe nomade de l'Ennedi du capitaine Fernand Barboteu, la compagnie portée

1. C'est-à-dire l'AEF et le Cameroun (mandat accordé par la SDN en 1918).

Leclerc et le colonel de Guillebon en 1944.

du capitaine André Geoffroy, venu du Cameroun, et de Pierre de Rennepont, cousin germain de Leclerc[1], les deux automitrailleuses de l'adjudant Jules Detouche et les six pièces d'artillerie du lieutenant Roger Ceccaldi, qui feront beaucoup pour la légende de Koufra. Sera-ce suffisant pour apporter la touche FFL à la contre-offensive d'une ampleur sans pareille que les Britanniques ont initiée le 9 décembre, afin de repousser les Italiens d'Égypte ?

## « Nous irons et nous réussirons »

Pour le seconder dans sa tâche immense, Leclerc peut compter sur le capitaine Jacques de Guillebon. Plus que son chef d'état-major, ce polytechnicien est un connaisseur de l'Afrique où il a été affecté en 1935 ; et c'est un semblable, puisque lui aussi est issu d'une vieille lignée de Picardie ; autant de raisons qui poussent automatiquement à en faire l'un de ses rares amis. Néanmoins, Leclerc délègue peu. Porté par ses premières mauvaises impressions du Tchad, il

1. Arrivé de Norvège avec la 13e demi-brigade, Pierre de Hauteclocque, qui a pris Rennepont pour pseudonyme, a été l'un des tout premiers officiers à accueillir Leclerc à Londres.

Le 28 décembre 1940, le colonel Leclerc décolle en direction d'Ounianga Kébir à bord d'un Blenheim.

veut tout savoir, tout voir, tout commander. Depuis Brazzaville, même Larminat, tout en se démenant pour accéder à ses demandes tous azimuts, en vient à lui conseiller de prendre de la distance : « Votre rôle n'est pas de commander une patrouille de combat, lui rappelle-t-il. Désignez un chef pour la zone, orientez-le, donnez-lui des moyens et faites-lui confiance. C'est ce que vous demandez pour vous. Vous devez le donner à vos subordonnés. » Des conseils pas vraiment suivis : quand Leclerc ordonne une reconnaissance photo au-dessus de Koufra, il la veut tout de suite. Les aviateurs réalisent pourtant des prouesses pour apprivoiser ce désert dont la plupart ignoraient tout. Se faisant transporter le 28 décembre dans des conditions déjà plus qu'aventureuses sur la piste avancée d'Ounianga Kébir, à la frontière de la Libye, le colonel mugit quand l'escadrille du capitaine Lager invoque des vents de sable rédhibitoires pour ne pas décoller. S'il le pouvait, sans doute prendrait-il lui-même le manche ! Il lui faut attendre trois jours, une éternité, tuée avec des parties de chasse, avant de voir les deux Blenheim prendre les airs.

Mais un seul revient. L'équipage du lieutenant de Stadieu, qui avait mission de repérer un autre poste italien, Ein Zoueïa, a dû en effet atterrir en urgence du fait des vents de sable ; il sera sauvé d'une fin terrible par les Italiens. Mais pour l'heure, il est considéré au Tchad comme perdu, ce qui pèsera lourd durant la guerre dans la réputation d'intransigeance de Leclerc[1]. Sur le moment, en tout cas, le colonel a l'honnêteté de reconnaître sa responsabilité auprès de Lager. Car le capitaine, lui, est bien revenu de Koufra avec des clichés exceptionnels pour l'époque ; leur analyse permet d'achever la définition du plan d'attaque. Comme le fort central, massif, en surplomb de la palmeraie, paraît un trop gros morceau, Leclerc décide de concentrer son action sur les dépendances et sur l'aérodrome. « Quelles que soient les difficultés, écrit-il à de Gaulle dès le 1er janvier 1941, nous irons et nous réussirons. »

Un imprévu survient cependant en prélude, qui ne plaît pas du tout au colonel. Le raid sur Mourzouk, qu'il a jugé prématuré, les Britanniques projettent en effet de le tenter avec leur *Long Range Desert Group* (LRDG), une unité ultramobile, surarmée, quasi autonome, commandée par le major Ralph Bagnold qui connaît le désert libyen comme sa poche pour l'avoir traversé de part en part dans les années 1930. Leclerc ne goûte guère l'irruption sur ses terres des frères ennemis britanniques aux mines patibulaires. Peut-être vexé, il affiche une réserve étonnante face à une opération empruntant pourtant tous les canons de l'audace qui lui sont chers. Le 15 décembre, il refuse ainsi au lieutenant-colonel Colonna d'Ornano la participation que celui-ci a directement négociée avec les Britanniques, en échange d'un accès aux stocks de carburant du Nord tchadien. Mieux, il se précipite pour monter son propre raid sur le poste de Tedjéré, raid que d'Ornano réclamait au demeurant depuis longtemps.

Le coup de sang néanmoins ne dure pas. Koufra absorbant tous ses moyens, Leclerc ne peut transporter sa propre colonne que sur des chameaux. Et puis, il ne peut laisser les clés du Fezzan aux seuls Britanniques, une région que la France pourrait convoiter après guerre.

Le 6 janvier 1941, Colonna d'Ornano rejoint

1. Et, plus tard, dans la recherche des causes de sa propre mort.

Quand l'audace réunit les Alliés : le colonel Leclerc en compagnie de la patrouille néo-zélandaise du *Long Range Desert Group*.

donc les soixante-quinze membres du LRDG, en compagnie du capitaine Jacques Massu et de trois autres compatriotes. Le 11, l'équipée sème la zizanie à Mourzouk, où vingt-quatre cadavres ennemis seront dénombrés. Bagnold a atteint son objectif, mais les FFL perdent Colonna d'Ornano, mort au combat. Le coup est sévère pour les troupes du Tchad qui l'admiraient. La première réaction de Leclerc est dictée par l'instinct patriotique : « Serrer les dents et le venger. » Il démontre ensuite avoir acquis des réflexes politiques en suggérant au général de Larminat de donner le plus large écho à cette perte et à la réussite de l'opération, quitte à minorer le rôle premier des Britanniques. Enfin, Leclerc laisse parler le tacticien ; Mourzouk lui apporte la confirmation de ses idées maîtresses : la combinaison de la force et de la rapidité d'exécution est un gage quasi certain de succès. Le raid de Tedjéré, qu'il a tout de même lancé en parallèle, en est l'ultime preuve. L'audace y était, puisque le groupe nomade du capitaine Sarazac a couvert 400 km, mais non l'emballement final : l'effet de surprise était inconcevable à dos de chameau ! L'assaut du groupe nomade a donc facilement été contenu par les Italiens…

# LA NAISSANCE D'UNE LÉGENDE

4

Avant de quitter le Tchad pour Mourzouk, Bagnold et ses hommes ont eu le temps de faire le tour des troupes destinées à foncer sur Koufra. Sans doute une expression résumerait-elle leur conclusion : ils sont vraiment fous, ces Français ! D'une part, en effet, les Britanniques admirent les trésors d'abnégation déployés pour rassembler tant de matériels dans le lointain Nord tchadien ; d'autre part, ils mesurent combien ces derniers – dont seulement deux canons d'artillerie – restent dérisoires pour assaillir une position aussi forte. Toutefois, la folie doit être contagieuse, puisque le LRDG a tenu à faire partie de la cohorte qui s'ébranle le 23 janvier de Faya-Largeau. Hélas, huit jours plus tard, son non-respect du silence radio lui coûte de tomber dans un guet-apens au détour du djebel Chérif. Bilan : un mort, trois véhicules détruits et l'arrestation de Bagnold lui-même. Atteint dans son moral, le LRDG fait demi-tour.

Le plus grave pour Leclerc est que les Italiens se sont emparés à cette occasion des plans de l'opération. Faut-il faire montre de prudence et renoncer, ou prendre le risque de persévérer ? Le temps de la réflexion, la colonne revient sur ses pas, à Tekro, dernier poste français au nord du Tchad. Leclerc choisit de compenser la perte de l'effet de surprise par la mise sous pression de l'armée italienne. Voilà les aviateurs chargés de bombarder Koufra, eux dont les précédentes sorties ont pourtant démontré les pires difficultés à voler dans cette région, sans carte, sans expérience du désert. Le colonel n'en est pas seul responsable ; leur chef, le commandant Jean Astier de Villatte, rallié à la France libre à la première heure, s'est en effet beaucoup trop avancé en assurant que ses équipages pourraient larguer une bombe là où ils le voudraient dans la muraille du fort ! Il n'y a pas de miracle. Les raids aériens des 2 et 5 février se soldent par des bombardements à l'aveugle, sans effet sur l'oasis, mais aussi par la perte d'un appareil dont les trois occupants mourront de faim et de soif un mois après s'être perdus. Leclerc est furieux ; il tempête contre ces « incapables » d'aviateurs et hurle que « l'aviation, c'est comme la cavalerie, ça marchera, s'il le faut, à la cravache ! ». Cette réaction confirme sa méconnaissance de l'arme aérienne et témoigne de sa détermination intacte à vouloir porter le fer chez l'ennemi. Mais elle dit aussi beaucoup de l'extrême délicatesse de sa situation depuis la catastrophe survenue au LRDG. Leclerc sait que la France libre et lui jouent beaucoup en ce début de 1941. Alors, comme à son habitude, il prend les choses en main. Contre l'avis de certains de ses officiers, il conduit lui-même une reconnaissance d'une vingtaine de véhicules jusqu'à Koufra, qui est approchée le 7 février à la faveur de la nuit. Et il ne s'arrête pas là ; avec un petit groupe, il continue à pied, piste un indigène jusqu'à sa demeure, l'interroge en arabe, et pour finir se fait conduire chez le chef du village. Mis en confiance, celui-ci lui révèle que chaque nuit les Italiens se barricadent dans le fort. L'information, capitale, aurait pu suffire pour cette équipée ; mais Leclerc ne serait pas Leclerc s'il ne cherchait toujours à pousser son avantage. Le capitaine de Guillebon se voit ordonner de foncer sur le terrain d'aviation à la manière du LRDG, de détruire les deux appareils qui y sont parqués

Leclerc au poste avancé d'Ounianga Kébir d'où partent les aviateurs téméraires du groupe de bombardement n° 1.

et de disparaître aussitôt. Le risque de trop ? Si l'action est menée à bien le lendemain matin, la petite colonne est pourchassée par la chasse italienne qui a été mise en alerte. Un tirailleur est tué et le lieutenant Michel Arnaud grièvement blessé au bras.

## Renoncer n'est pas Français libre

De retour à Tekro, Leclerc, qui est resté d'un sang-froid à toute épreuve pendant le mitraillage en règle, prend la décision de maintenir l'opération sur Koufra. Les Italiens disposent certes d'un atout de choix avec leur aviation, mais le contexte géopolitique parle en leur défaveur. Longeant la Méditerranée, les Britanniques enfoncent tout sur leur passage, au point que Tripoli leur semble désormais promise. De Gaulle pense en profiter dans le sud de la Libye pour récupérer le Fezzan, qui devrait tomber comme un fruit mûr. Le 14 février, le GQG britannique du Caire rapporte que les Italiens évacuent Koufra. La nouvelle est fausse, mais elle précipite le départ de la colonne Leclerc ; trois jours plus tard, les dizaines de véhicules remettent cap au nord, avec interdiction de traîner.

La première préoccupation du colonel est de faire un sort à la Saharienne, une unité blindée de l'armée italienne ; en quelque sorte le chien de garde du fort. Le 18 février, les patrouilles des capitaines de Rennepont et Geoffroy servent d'appâts pour l'en éloigner. Mais la partie commence mal, puisque au début de l'affrontement les Français restent cois en raison du sable grippant leurs armes ! Toujours aussi serein dans la mitraille, et quoique en infériorité numérique, Leclerc demande à son cousin de fixer l'ennemi qu'il entend prendre à revers en compagnie de Geoffroy, avant de renverser les rôles face à la belle réaction italienne. Cette fois, la Saharienne préfère fuir. Rennepont part à ses trousses, mais elle profite de la nuit pour s'esquiver et revenir à l'aube dans le dos des Français, avec l'appui de la chasse. Leclerc improvise promptement une nouvelle manœuvre de contournement, qui contraint enfin les blindés italiens à fuir l'oasis sans demander leur reste.

Comme autrefois ses aïeux au pied des murailles médiévales, le colonel peut à présent entamer le siège du fort, où le rejoint le gros de sa colonne qu'il avait confié au commandant Dio. Et comme souvent autrefois, sa tactique initiale n'est pas de jeter ses hommes dans des assauts meurtriers, mais d'attendre, de « faire mûrir » comme il dit. Ses troupes empêchent l'arrivée de renforts italiens, tout en pouvant facilement de leur côté se ravitailler sur place. Leclerc fait également un plein usage de ce qui pourrait quasiment être qualifié d'« arme psychologique ». Au départ de Tekro, il avait pourtant spécifié à son chef qu'il n'en voulait pas. Tracter dans le désert les gros canons d'artillerie de 75 mm lui paraissait en effet un fardeau inutile ; il a fallu que le lieutenant Ceccaldi lui fasse la démonstration de son savoir-faire pour qu'il accepte d'inclure une seule pièce dans sa colonne. À raison de seulement 7 km par jour, le canon est parmi les derniers à arriver à destination, mais il entre aussitôt en action. La légende racontera que Leclerc et Ceccaldi se sont mis d'accord pour le faire tourner autour du fort, afin que les Italiens pensent être cernés par l'artillerie. Et de fait, c'est bien l'impression qu'auront ces derniers. Mais Ceccaldi, en réalité, cherche surtout à éviter d'être repéré. Car naturellement l'ennemi riposte. Le temps d'un entretien avec le colonel, le lieutenant a ainsi la stupéfaction de constater que les servants ont déguerpi ! Par chance pour eux, Leclerc n'en saura rien…

Fanion de la Saharienne.

Le travail de sape dure plusieurs jours. Le canon de 75 est relayé par les mortiers ; des coups de main sont également orchestrés contre les points d'appui, le commandant Dio étant gravement atteint par des éclats de grenade lors de l'un d'eux. Les Italiens ne connaissent aucun moment de répit et tout espoir de soutien leur est progressivement ôté. C'est tout d'abord leur aviation qui disparaît des cieux dès qu'un modeste appareil FFL de liaison pointe ses hélices. Puis c'est Leclerc qui, démontrant ses qualités de négociateur, met dans sa poche les tribus locales, en leur promettant le retour de la prospérité si la France contrôle la région. Aussi pense-t-il l'heure de la capitulation venue quand il lui est rapporté que les couleurs italiennes ont été abaissées. Il ignore qu'un obus de Ceccaldi en a coupé net le mât… Spontanément, quasiment seul, il marche vers le fort, qui heureusement ouvre le feu de trop loin pour l'atteindre.

Le matin du 28 février semble plus prometteur. Les Italiens délèguent en effet leur premier émissaire, un indigène, pour demander à l'artillerie française d'épargner le secteur du fort où se situe l'infirmerie. Puis un second, officier cette fois, se présente dans l'après-midi ; sans y être autorisé, il se renseigne sur les conditions d'une reddition. En soirée, Leclerc ordonne logiquement une intensification des tirs pour faire monter la pression. Mais quand, le lendemain, un troisième Italien franchit la porte du fort et fait durer les discussions, c'est lui qui explose. Sa fureur est telle qu'elle lui fait oublier toute notion de danger. Malgré

Le fort de Koufra dominé par les couleurs françaises… et britanniques.

Les prisonniers italiens rapatriés au Tchad.

les protestations du lieutenant transalpin, et uniquement suivi du capitaine de Guillebon et du sous-lieutenant Ruais, il se présente en effet devant l'édifice, ne fait aucun cas de l'indignation du commandant des lieux, le capitaine Colonna, et se rue dans la salle d'honneur pour sommer les officiers de se rendre sans conditions ! Comme assommé par le culot et l'autorité du Français, Colonna prend ensuite docilement en dictée l'acte de reddition, et le fort est investi le lendemain…

## La démesure de l'espoir

Bien sûr, à l'échelle de ce conflit planétaire, la prise de Koufra n'est qu'accessoire. Même si les troupes de Leclerc font peser une menace sur leurs flancs, les forces de l'Axe jouent une partie autrement plus capitale le long de la Méditerranée et sur les bords de la mer Rouge, où se décide le sort de l'Égypte. À l'échelle de la France libre, Koufra n'est pas non plus le premier trophée parfois célébré. La prise survient en effet six jours après Kub-Kub, un poste italien conquis par les FFL en Érythrée, aux côtés des Britanniques, et dans des conditions plus glorieuses encore, puisque si Leclerc a perdu quatre hommes, dont un seul Européen, ils ont été dix-sept à tomber sur un champ d'honneur aux allures de montagnes infernales. Mais la propagande n'est-elle pas en partie l'art de transformer la réalité ? Aussi fin stratège sur le plan politique que militaire, le général de Larminat voit tout de suite la charge hautement symbolique d'une conquête réalisée avec les seules forces françaises, et le potentiel fédérateur de son instigateur. À coups de télégrammes et de déclarations sur Radio-Brazzaville, il lui donne un écho considérable, qui finit par toucher la France même avec, consécration suprême, un tract largué par la Royal Air Force vantant la gloire de ce « Leclerc » dont l'épouse, ignorant le pseudonyme, vient à s'exclamer en le lisant qu'il a « tout à fait la façon d'agir » du père de ses enfants !

Le colonel lui-même en arrive à trouver excessif le retentissement donné à Koufra, particulièrement quand la BBC annoncera que pas moins de 1 000 Italiens y ont été faits prisonniers. Mais l'histoire est en marche : le capitaine de Hauteclocque a bien disparu ; il n'y a plus désormais que le colonel Leclerc, nommé Compagnon de la Libération le 6 mars 1941, auteur du « serment de Koufra » : « Jurez de ne déposer les armes que lorsque nos couleurs, nos belles couleurs, flotteront à nouveau sur la cathédrale de Strasbourg. » Selon toute vraisemblance, le colonel se serait adressé à ses troupes le 2 mars avec des mots plus simples, débarrassés de cette solennité qui

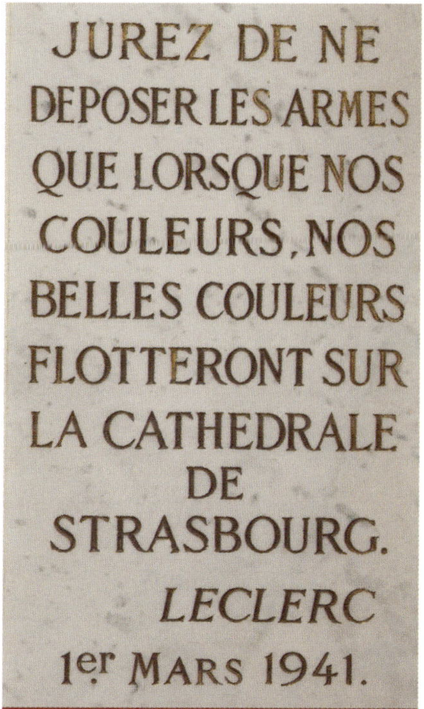


Plaque reprenant le serment du 1er mars 1941, qui avait été posée sur l'enceinte du fort de Koufra.

ne lui correspond pas : « Ça fera plaisir au général de Gaulle qu'on lui fasse hommage de cette victoire importante pour le Tchad. C'est capital pour le Tchad, mais pour la France, c'est très peu. Ne croyez pas que ça va s'arrêter là. Au fond, nous ne déposerons les armes que quand nos couleurs, nos belles couleurs, flotteront sur Metz et sur Strasbourg[1]. »

La légende présente également la prise de Koufra comme le départ de l'épopée Leclerc. Son évasion rocambolesque de France, le ralliement du Cameroun, la conquête du Gabon sont autant de preuves d'un engagement bien plus ancien. Le seul but qui vaille pour lui est la libération de la France, tous les succès et les déconvenues intermédiaires ne sont que des étapes. S'il en avait connaissance, sans doute partagerait-il ainsi l'avis sur Koufra que Larminat livre dans le secret de sa correspondance avec de Gaulle : « Koufra est un tas de cailloux sans intérêt pour nous. » Le chef de la France libre est sur la même ligne, qui ne voit que le Fezzan comme enjeu valable ; il lui importe surtout que des Français l'occupent avant les Britanniques. À cette fin, il a demandé la planification d'une opération d'envergure, que le retournement de conjoncture oblige à reporter. La raison principale s'appelle Erwin Rommel, qui a débarqué en Afrique du Nord avec l'*Afrika Korps* et commencé le long de la Méditerranée à reprendre l'une après l'autre toutes les localités enlevées par la 8e armée, dont il ne faut donc plus espérer de soutien. Or la France libre n'a pas les reins assez solides pour mener en solitaire une percée aussi profonde dans le Sud libyen. Leclerc en a parfaitement conscience. Il ramène sa cohorte au Tchad, à l'exception du capitaine Barboteu et de quelques hommes qui, deux semaines plus tard, remettront le fort de Koufra à des Britanniques. Pour l'heure, la conséquence la plus importante pour lui est la fierté qu'il a ranimée chez ses hommes, spectateurs impuissants et lointains en 1940 de l'effondrement de la France. En retour, les méharistes oublient toute prévention à l'égard de cet officier de cavalerie qui les agaçait tellement à son arrivée et lui vouent désormais une admiration qui ne mourra qu'avec eux.

1. Dans un télégramme au général de Gaulle du 17 juin 1941, il emploie déjà une autre formule : « Officiers, sous-officiers et hommes de troupe du Tchad [...]. Jurent de ne pas déposer les armes avant que le drapeau français flotte à nouveau sur la cathédrale de Strasbourg. »

Drapeau à la croix de Lorraine ayant flotté au-dessus du fort de Koufra.

## Durer, c'est vaincre

Un vent d'euphorie chasse à Fort-Lamy le khamsin habituel, faisant écrire à Leclerc : « La victoire finale est certaine, et mérite tous les sacrifices. » Mais le colonel sait qu'une tâche ardue l'attend. Koufra a en effet mis en exergue les défauts d'un manque de synchronisation avec les Britanniques. Si la 8e armée ne contre-attaque pas au même moment dans le nord, toute nouvelle initiative française dans le sud de la Libye ne conservera qu'une portée très limitée. Il va donc falloir à nouveau faire patienter la troupe et éviter que la flamme allumée à Koufra ne soit soufflée par l'ennui. « Aujourd'hui, écrit Leclerc à ses troupes le 21 mars, il s'agit de tenir, séparés des nôtres, sous un climat éprouvant, dans des conditions morales et physiques souvent pénibles, en ayant parfois l'impression d'être inutiles. [...] Tenez ! Tenez aussi longtemps qu'il le faudra. »

Le choix du général de Gaulle était donc le bon. Alors que Leclerc pestait contre son éloignement du Cameroun, lui avait deviné ce que le caractère trempé du Picard pourrait apporter aux rudes guerriers du Tchad. Sans doute n'a-t-il pas anticipé en revanche l'influence qu'exerce sur lui cette terre magnifique où tout est si compliqué. Leclerc démontre une capacité d'adaptation à vrai dire stupéfiante. Quand son cousin

Rennepont dénonce le laisser-aller contre lequel il s'était également emporté dès son arrivée à Fort-Lamy, c'est à lui qu'il adresse des reproches, et non aux concernés ! Et que dire du lion qu'il attache en laisse à l'entrée de son bureau ? Mais est-ce l'Afrique, ou le ralliement à la France libre qui en est responsable ? En quelques mois, Leclerc avoue à son entourage s'être défait de ses préjugés antisémites et avoir résolument tourné le dos à l'Action française. Comme si la France libre l'avait débarrassé du superflu pour ne lui laisser que le socle de ses valeurs fondamentales. S'il rejette violemment le régime de Vichy et ses dirigeants parce qu'ils ont capitulé, Leclerc n'en suggère pas moins à de Gaulle de conserver, une fois au pouvoir, les « mesures prises par le maréchal Pétain et réellement utiles, en particulier celles renforçant l'autorité centrale et celles favorisant la famille ».

Sur le plan militaire, le colonel met à profit le délai, qui s'annonce important avant la prochaine opération, pour pallier les multiples lacunes matérielles mises en évidence par Koufra. Ainsi qu'il l'explique à son ami « Bob » Kersauson, en poste à l'état-major allié au Caire, il n'est pas du genre à s'effrayer de la difficulté à « actionner le char mérovingien des bureaux d'état-major ». Il se met donc en quête de véhicules adaptés au désert, d'armement lourd, de munitions, d'essence, bref de tout ce qui lui manque et que l'Afrique française libre est bien en peine de lui offrir. Côté pertes, il doit laisser partir le groupe aérien de bombardement, sans guère de regret cependant puisqu'il le désigne comme « notre lamentable groupe de Blenheim ». Le chef de l'unité, le commandant Astier de Villatte, en prend aussi pour son grade : un « fumiste » pour Leclerc, qui n'a vraiment pas apprécié les bilans gonflés des bombardements préalables à Koufra. Sillonnant sans cesse le pays, il continue de mener la vie dure à son propre pilote, quitte à devoir passer deux nuits en plein désert, après l'avoir contraint à décoller en dépit d'une épouvantable tempête de sable. Ce n'est qu'au troisième jour, avec seulement 30 litres de carburant dans le réservoir, que l'appareil regagne enfin Faya-Largeau, mais l'accolade aussi chaleureuse qu'inhabituelle que Leclerc offre à l'équipage après l'atterrissage prouve qu'il a sans doute compris cette fois combien son intransigeance a failli leur être fatale à tous. Or, s'il a fait et fera encore la démonstration d'un courage aux frontières de l'inconscience, il se garde toujours de jouer avec la vie de ses hommes.

## L'art de la débrouille

Comme à son habitude, Leclerc met tout en œuvre pour atteindre son but qui est, depuis Koufra, de se renforcer considérablement. Tout est bon pour y arriver. À tout seigneur tout honneur, il attend beaucoup – trop – des autorités françaises à Londres, dont il ne réalise pas toute la complexité de la tâche vis-à-vis des Alliés, mais aussi vis-à-vis de la résistance intérieure. Son obsession de la victoire finale lui fait mépriser les tensions politiques. « Quels que soient les difficultés et les résultats atteints, écrit-il au lieutenant-colonel François Ingold, commandant la garnison de Fort-Archambault, nous battre constitue la seule raison d'être du mouvement France libre, n'en déplaise aux Messieurs qui, à Londres, s'efforcent de se tresser des couronnes. » La même rage lui fait se gausser du gouverneur du Tchad, Pierre-Olivier Lapie, en qui il ne voit qu'un « ancien socialiste adepte du funeste Front populaire ». À Brazzaville, il harcèle de demandes de matériels le général de Larminat, qu'il critique dans le même temps pour son ingérence ; le haut-commissaire, qui a pour lui la plus grande estime, fait pourtant l'impossible pour le satisfaire avec ses maigres moyens. Il frappe aussi, ou plutôt il tambourine, à la porte du commandement britannique, via son « cher vieux » Kersauson, via aussi le capitaine de Guillebon qu'il délègue au Caire avec la mission impossible d'obtenir pour le Tchad un peu de ce que le War Office a toutes les peines à accorder aux théâtres bien plus en péril de Grèce, de Cyrénaïque, d'Irak, de Malte et de Singapour.

Même si ses représentants en AEF ont pris fait et cause pour lui, les généraux de Sa Majesté s'agacent des doléances interminables du Français. Plus de quatre cent trente véhicules, dix automitrailleuses, six canons de 75 mm, quatre canons Bofors permettant de répliquer enfin à la chasse italienne sont déjà en voie d'acheminement vers Fort-Lamy, mais Leclerc, en quête perpétuelle de perfection, est insatiable. Pour améliorer les transports, il réclame une route entre Fort-Lamy et Fort-Archambault, à la frontière de l'Oubangui, où les convois venant de Port-Gentil[1] butent sur de la mauvaise piste : elle est ouverte en trois mois par les ingénieurs français. Le colonel réquisitionne ensuite tout ce qui roule dans le Nord afin de boucler les 1 000 km supplémentaires pour atteindre Zouar qu'il a érigé en base avancée.

La requête la plus compliquée à satisfaire concerne finalement l'effectif. L'encadrement du RTST, rincé par deux ans d'un climat infernal, a le plus grand besoin de sang frais, mais la course aux ralliements territoriaux est terminée depuis longtemps. La France libre doit composer avec ce qu'elle a, et c'est peu. Au printemps 1941, Londres ne peut ainsi envoyer à Leclerc que dix aspirants, issus en fait de la toute première promotion d'officiers formée à partir de jeunes Français ayant rallié Londres avec des moyens de fortune. La nouvelle école d'officiers ouverte à Brazzaville fournit également au Tchad quelques éléments ayant abouti en AEF après l'échec de Dakar. Pas vraiment donc l'expérience qui serait tellement utile à Leclerc dans sa tâche titanesque, mais une vraie perfusion d'espérance. Ces recrues ont eu le même parcours que le sien ; elles ont tout quitté, famille et études, pour ne pas rester passives face au triste sort de la France. Leurs éventuelles lacunes seront donc compensées par cette énergie qui fait gagner les guerres. Leclerc identifie immédiatement pour chacun le poste le plus adapté, même si c'est parfois peu orthodoxe. Ainsi, en pleine transition du chameau vers la voiture, il traque les détenteurs de permis de conduire ; pour en être, le lieutenant Robert Dubois se retrouve ainsi propulsé à la tête du train, alors qu'il était professeur de lettres à la mobilisation. Leclerc est particulièrement préoccupé par ses dernières créations, les deux « compagnies de découverte et de combat », mélange de Saharienne italienne et de LRDG britannique. Le capitaine Geoffroy reçoit le commandement de la première, le capitaine Jacques Massu celui de la seconde – alors qu'il ne cache à personne son incompétence en matière mécanique...

1. Le port le plus proche.

## Un condamné à mort plébiscité

Tout entier à son œuvre de reconstruction, Leclerc reste sourd aux querelles intestines, qu'elles concernent des individus ou des enjeux majeurs. Quand le général de Larminat se heurte à Félix Éboué, il s'abstient de prendre publiquement parti. De même, lorsque, selon la décision d'apaisement de De Gaulle, le médecin-général Sicé remplace le premier au poste de haut-commissaire de l'AFL, mais que le conflit demeure avec le gouverneur général de l'AEF. Plus instructif encore, Leclerc est parmi les premiers des grandes figures de la France libre à témoigner son soutien au Général lors de la campagne de Syrie débutée le 8 juin 1941. Pourtant, le 2 avril, lorsqu'il avait été consulté, comme tous les membres du Conseil de défense de l'Empire, sur l'hypothèse d'une invasion par les Britanniques de l'ancien mandat, il avait clairement spécifié, peut-être avec le souvenir du douloureux précédent gabonais : « Aucune intervention des Français libres de l'extérieur ne doit être prévue. » Ses éventuelles critiques au Général, Leclerc, conscient de l'extrême fragilité de l'édifice FFL, les réserve toujours au secret d'une correspondance. De Gaulle le lui rend bien, en lui offrant ses premières étoiles de général de brigade le 10 août. Les thuriféraires de Vichy se gausseront bientôt de ces promotions sans équivalent depuis le Premier Empire ; Leclerc n'a que trente-huit ans ! Ils se garderont d'expliquer qu'elles ne sont que la conséquence du choix quasi unanime des généraux français de ne pas rallier Londres… De surcroît, ils ignoreront que le premier réflexe de Leclerc, encore pétri des règles usuelles, est de refuser. Avec humilité, il juge que Koufra ne justifie pas pareil avancement ; il redoute aussi les jalousies inévitables au sein de l'Afrique française libre. Mais à vrai dire, de Gaulle ne lui demande pas son avis : « Leclerc fait mon affaire, lâche-t-il, je le nomme et me fiche de son opinion. » Tout juste concède-t-il au colonel les quelques mois de délai qu'il réclame afin de collecter sur le champ de bataille les lauriers adéquats.

Les qualités du Picard sont également reconnues en Europe ; en effet, à peu près dans le même temps, depuis son *Oflag* en Allemagne, le général Buisson, qui l'avait recueilli en juin 1940 après qu'il avait fui

Lille, le propose pour le grade d'officier de la Légion d'honneur. Il ne sait pas bien sûr que le capitaine de Hauteclocque dont il inscrit le nom en haut du mémoire, en vantant « l'étoffe d'un très grand chef », est ce Leclerc que la propagande de Londres cite régulièrement en exemple. Mais les autorités de Vichy, elles, ont fait le rapprochement ; le 11 octobre, après l'avoir déchu de la nationalité française, elles le condamnent à mort pour « crimes et manœuvres contre l'unité et la sauvegarde de la Patrie ».

Longtemps après la guerre, les Français libres se plairont à comparer les sentences dont ils auront été l'objet. La peine capitale sera considérée avec envie, puisqu'elle semble témoigner des pires torts selon Vichy, donc des plus grandes qualités à leurs yeux. En 1941, toutefois, les procédures judiciaires ont souvent des conséquences catastrophiques pour les familles qui se retrouvent dépossédées de tous leurs biens. Juste avant de franchir les Pyrénées, Leclerc avait prévenu son épouse : « Je me reproche de ne pas t'avoir assez dit l'autre jour que tu ne dois pas hésiter à sacrifier Tailly s'il le faut à ta sûreté et à celle de nos petits. [...] Transforme au maximum tes francs en nature : cheval, vache, volaille, grain, etc., car la disette de l'an prochain sera dure. » Marie-Thérèse a suivi les instructions. À la déchéance de la nationalité de Philippe, elle a vendu la propriété de Tailly, mais Vichy ne s'y méprend pas : l'acheteur est un ami des Hauteclocque, qu'il autorise à demeurer au château. En conséquence, la vente sera cassée un an plus tard. Dans l'intervalle, Marie-Thérèse est détenue du 12 au 14 juillet 1941 à la *Kommandantur* pour avoir manifesté sa colère aux occupants allemands de sa demeure. Elle doit ensuite protéger ses enfants d'un hiver effroyable avec un seul cheval pour moyen de transport, mais heureusement les animaux de ferme sont là en guise de garde-manger.

## Loin de Londres

Informé par bribes de la destinée des siens, Leclerc, le soir venu, n'échappe pas au « cafard ». La foi l'aide à affronter l'épreuve, mais l'action serait un remède peut-être plus puissant. Six mois après, Koufra n'a toujours pas eu de suite. Pis, à partir du mois d'août, le commandement ne demande plus que de réfléchir à l'amélioration de la défense du Tchad. Le 22 juillet, puis le 29 octobre, Leclerc s'accorde néanmoins avec le général Hawkins, commandant les forces britanniques en Afrique de l'Ouest, pour combiner leurs efforts lors de la prochaine offensive au bord de la Méditerranée. Il lui est ensuite précisé qu'il devra investir le Fezzan au moment de l'entrée de la 8e armée en Tripolitaine. Mais les armes qui lui sont alors promises se font attendre, tout comme le feu vert de l'opération. Aussi Leclerc pense-t-il le purgatoire terminé quand, le 16 novembre, le général Auchinleck lance son armée contre Tobrouk, encerclé depuis le mois d'avril par Rommel. Il se trompe. De Gaulle, en effet, pratique le donnant-donnant avec les Britanniques : comme ils n'ont pas voulu au nord de la Libye de « sa » 1re brigade française libre[1], il les prive au sud des troupes du Tchad qu'il les soupçonne de vouloir employer, non pas comme prévu en coordination, mais en diversion, afin de soulager leur fardeau. Leclerc explose. Et il n'est pas question de le garder pour lui. Le 3 décembre, comme il s'en fera une habitude, il déverse d'un bloc son trop-plein de colère dans une lettre furibonde qu'il adresse au général de Gaulle lui-même. Sans détour, il ose y dénoncer une « honnête proportion de fumistes dans votre mouvement de la France combattante ». Le « votre », par lequel il semble s'exclure d'une communauté qu'il lui a été si difficile de rallier, en dit long sur son exaspération. Mais il se reconnaît tellement peu dans les autorités de l'AFL, le médecin-général Sicé au premier chef – ce « général docteur » comme l'appellent avec mépris ses détracteurs –, qu'il juge pour sa part d'une mollesse affligeante. D'où une nouvelle pique pour de Gaulle : « Ce n'est pas de Londres que l'on peut commander une pareille boutique. »

Leclerc démontre derechef qu'il reste avant tout un chef militaire. Il ne comprend pas que pour exister, vu la pauvreté de ses moyens, de Gaulle est obligé de céder avec les Britanniques à la politique de l'oukase. Si proche de ses hommes, il ne veut voir que leur moral vacillant à force d'attendre. Or il sait que la meilleure façon d'entretenir une arme, c'est de

1. Elle est l'héritière de la brigade d'Orient qui s'est distinguée en Érythrée, puis de la 1re division française libre qui a combattu en Syrie contre les troupes de Vichy.

s'en servir. Alors, avec une sorte de candeur, toujours décidé à ne pas laisser aux autres ce qu'il croit pouvoir faire lui-même, il se permet de continuer à discuter directement avec le commandement britannique. Premier rappel à l'ordre du général de Gaulle, qui entend dans un premier temps le ménager. Mais comme le Picard n'en fait toujours qu'à sa tête, cette fois le chef de la France libre donne de la voix : « Je blâme le général Leclerc et vous-même, écrit-il à Sicé, de ne pas m'avoir tenu au courant de ces négociations. En tout cas, je vous prescris et prescris à Leclerc de ne considérer leur résultat que comme un projet qui ne vous engage absolument à rien aussi longtemps que vous n'aurez pas reçu mes ordres. [...] Il ne s'agit pas du tout que chacun joue son propre jeu. » Le vainqueur de Koufra ne décolère pas, conspue Londres qui se réveillerait trop tard, mais le 20 décembre, de Gaulle ramène le calme en promettant de ne donner qu'un « ordre général d'exécution » pour une opération que Leclerc pourra déclencher à sa guise, de concert avec les Britanniques. Le plus important est la conclusion de sa lettre au commandant du Tchad : « J'ai confiance en vous et en vos troupes et je vous aime bien. » Entre ces deux grands réservés, le témoignage d'affection est exceptionnel ; en ces temps contrastés d'entrée en guerre des États-Unis d'un côté, de déferlement du Reich en URSS de l'autre, il est de plus très opportun pour souder les rangs. Car finalement, Rommel règle lui-même le problème à sa manière le 21 janvier 1942, en contraignant la 8e armée à un nouveau *get away* vers l'Égypte. Une offensive majeure des FFL dans le Sud libyen n'est plus à envisager, d'autant que la contre-attaque de l'*Afrika Korps* a été coordonnée avec l'anéantissement du dépôt de carburant de Fort-Lamy par la Luftwaffe : 300 000 litres ont disparu en fumée. Le commandement français avait estimé superflue l'installation d'une défense antiaérienne si loin des côtes nord-africaines...

## Le feu au Fezzan

Il y a aussi du Foch dans Leclerc : lorsque tout incite à serrer les dents et à laisser le vent tourner, lui, comme le commandant suprême de 1918, ne pense qu'à reprendre l'initiative. À vrai dire, c'est pour lui la

À Uigh el-Kébir, le général en compagnie du lieutenant de Bazelaire (1er mars 1942).

planche de salut. Si ses unités ne sont pas engagées, il en est sûr, des troubles y sont à craindre. Il convainc donc de Gaulle le 4 février de dupliquer le modèle Koufra : une série d'attaques sur des postes du Fezzan, dont Mourzouk, avec une troupe très mobile, fondant sur sa proie pour s'en éloigner aussitôt. Autant de piqûres de rappel pour les forces de l'Axe d'une menace française sur leur flanc sud. Les Britanniques y trouvent d'autant moins à redire que Leclerc ne leur demande rien. Mais la mission américaine au Tchad, elle, crie au « suicide », vu l'absence d'appui aérien, la vétusté de certains matériels et la pénurie touchant d'autres. Elle n'a pas encore saisi l'âme de Leclerc, qui est très conscient des failles de son dispositif, mais considère qu'en prouvant sa capacité à les dépasser, il envoie un message capital à l'ennemi, et à ses compatriotes restés au pays : des Français continuent à se battre envers et contre tout…

En dernier ressort, comme toujours depuis sa plus jeune enfance, le colonel-général s'en remet à Dieu, ou plutôt à la Sainte Vierge : « J'ai une foi tellement inébranlable en la Providence que je suis certain du succès. » Les plus sceptiques à l'égard de la religion y verront la preuve d'un aveuglement dangereux. Mais sur les champs de bataille, avant d'être un grand chrétien, Leclerc demeure un chef ; il sait très bien les risques considérables, non seulement pour sa force, mais pour le mouvement français libre tout entier, d'une débâcle militaire. Le Fezzan est ainsi pour lui l'occasion idéale de mettre à l'épreuve les compagnies de découverte et de combat. Le 20 février 1942, celles-ci s'élancent en formant, avec deux groupes nomades, six détachements distincts, six « sous-marins » comme il les désigne lui-même puisque, à partir de la frontière libyenne, ils lui échappent presque totalement. Autant de prétextes pour lui de se porter en première ligne. Le 27 au soir, il est aux côtés de Massu qui s'est emparé d'Uigh el-Kébir. Dans la nuit du 1er au 2 mars, il file auprès de Dio comprendre pourquoi le commandant n'est pas déjà venu à bout de Tedjéré. Son entourage est à cran, qui le voit capturer lui-même, pistolet au poing, cinq soldats ennemis errant dans la nuit, ou s'exposer à l'aviation italienne en aidant au désensablement de véhicules. Et que dire de ce Koufra *bis*, lorsque, après avoir entendu les explications de Dio, il lance « en avant ! » et, sa désormais célèbre canne à la main, se met à marcher vers la position de Tedjéré, uniquement suivi du groupe du sergent-chef Thuilliez. Vingt minutes plus tard, il est le second à entrer dans le fort, désert, au sol maculé de sang.

Direction désormais Oum el-Araneb, où Massu peine également. Leclerc y retrouve le 4 mars la Saharienne qu'il avait fait déguerpir de Koufra. Protégeant l'accès au poste, la colonne mitraille son escorte, qui s'en tire indemne. Leclerc se fierait seulement à sa bonne étoile qu'il retenterait un coup d'audace. Mais il n'en fait rien. Après avoir réuni ses officiers, il convient en effet de lever le siège ; après dix jours d'opérations, la surprise ne joue plus, comme le démontre l'apparition de plus en plus fréquente des ailes ita-

Le 3 mars 1942, le général parlemente avec les chefs indigènes de la région de Gatroun.

Le général avec le képi légendaire bricolé par ses subordonnés.

liennes au-dessus des Français. Outre Uigh el-Kébir et Tedjéré, Gatroun et Ouaou el-Kébir abondent un tableau de chasse dont il est sage de se satisfaire.

Le retour au Tchad est euphorique ; Leclerc retrouve des accents de jeune cyrard pour se vanter d'avoir infligé « une raclée supplémentaire » à ces « salopards de macaronis ». Conformément à ce qu'il avait annoncé, il accepte dorénavant les attributs d'un général. Mais façon Tchad 1942 : en guise de képi, une chéchia avec du carton pour visière et deux étoiles prélevées sur un uniforme italien.

À elle seule, cette coiffe témoigne d'une humilité intacte. Leclerc a conscience de la portée très limitée de ses derniers coups d'éclat ; ce n'est pas de l'AEF que l'Axe a le plus à redouter. Mais à Berlin comme à Rome, plus personne ne peut douter de la contre-preuve apportée à la thèse trop vite propagée d'une France entièrement vassalisée. Ces petits succès ont donc déjà valeur de grande victoire, que tient à saluer le héraut du 18 Juin : « Général Leclerc, télégraphie-t-il, vous et vos glorieuses troupes êtes la fierté de la France. »

# 5

# IL N'Y A PLUS QUE LA MÉDITERRANÉE

C'est reparti pour des mois d'attente. Toutefois, avec le Fezzan, Leclerc semble avoir refait le plein d'énergie et il pense déjà à exploiter ce que les armées appellent de nos jours le « retex », le retour d'expérience, pour encore et toujours affûter son épée tchadienne. Mais, le 25 mars 1942, il apprend que de Gaulle a d'autres projets pour lui, le commandement supérieur de l'AFL. Il le vit comme une malédiction. Le succès, relatif, au Gabon lui avait déjà valu en 1940 de ne pas retrouver le Cameroun. Pas question d'une redite au Tchad, où il lui a été si difficile d'apprivoiser ses troupes « spéciales », comme il les qualifie lui-même. Car le changement implique un déménagement à Brazzaville, à la fois beaucoup trop loin de Fort-Lamy et beaucoup trop près des bisbilles de la direction de l'Afrique française libre. Lui qui avait tant pris soin de rester dans les gradins des matches Éboué-Larminat, puis Éboué-Sicé, il refuse d'être propulsé sur le ring. « Personnellement, télégraphie-t-il à de Gaulle, suis ni technicien, ni diplomate, ni politique. Donc entièrement inapte descendre Brazzaville. » À ses yeux, le général Serres serait parfait pour le rôle, quand bien même celui-ci n'a pas été très généreux pour le Tchad dans la distribution des armes fournies par les États-Unis. Sinon, suggère Leclerc, pourquoi ne pas nommer le médecin-général Sicé commandant en chef des troupes d'AFL, comme l'était le haut-commissaire avant guerre ?

De Gaulle connaît désormais son homme. Habile, il a tout d'abord beau jeu de lui rappeler sa réussite au gouvernorat du Cameroun, dont il s'était tellement prévalu pour refuser le Tchad. Ensuite, il feint d'ignorer la détestation de Leclerc pour la chose politique et de ne retenir qu'un excès d'humilité : « Ne vous intimidez pas de votre élévation rapide », lui fait-il savoir. En invoquant la « nécessité supérieure qui [lui] impose l'utilisation de chacun au maximum et suivant ses aptitudes », il accule un peu plus celui qui, en s'obstinant, renierait donc son ralliement. L'ultime cartouche employée par de Gaulle achève de le convaincre ; la lettre date du 2 avril 1942. L'Allemagne et le Japon triomphent alors quasiment partout, les raisons d'espérer sont rares. Or, qu'annonce de Gaulle ? « Il est maintenant vraisemblable, écrit-il, que les Alliés entreprendront dans le cours de l'été prochain quelque chose d'important en France. Nous n'aurons pratiquement pour y participer, dans un délai relativement court, que des forces de l'AFL. Vous comprendrez que dans cette hypothèse, toutes considérations seraient subordonnées pour nous à la nécessité de nous trouver en France avec une unité constituée. [...] Ces considérations vous feront comprendre l'importance de la mission actuelle et éventuelle que j'ai décidé de vous donner en raison de la confiance que j'ai en vous. »

## Le noble révolutionnaire

Leclerc a sans doute relu ces quelques lignes plusieurs fois. La France ! De Gaulle évoque bien une opération en France pour 1943 ! Trois semaines plus tard, soit le temps d'un répit quasi obligatoire après deux années très remplies, Leclerc gagne donc la capitale du Moyen-Congo. « Comme tout bon Tchadien, a-t-il déclaré avant de quitter Fort-Lamy, j'étais prêt à charger Brazzaville de tous les crimes. Il n'est pas agréable de penser que dans quelques jours je serai le criminel ! » Il gardera toutefois un pied au Tchad. Il a en effet négocié d'y placer ses

Revue du 11 novembre 1942 à Brazzaville par le général Leclerc, commandant supérieur de l'AFL.

hommes, en tout premier lieu le colonel Ingold, à la tête de ses anciennes troupes auxquelles il a lancé, le 22 avril, en guise d'adieu : « Buvez du whisky, c'est votre seule distraction, mais pas plus que le foie ne peut en supporter ! »

La méthode ne change pas. À sa prise de fonctions au commandement supérieur, Leclerc veut tout voir, tout savoir, avant d'imprimer sa marque. La tournée des territoires le laisse fort mitigé. « L'impression qui domine, expose-t-il à de Gaulle le 1er juin, c'est la division. […] L'AFL nous montre aujourd'hui que le Français ne s'est pas transformé aussi vite que les avions. Il a fort peu changé. » Comment un général qui a passé seize mois au Tchad pourrait-il juger autrement des contrées si éloignées du front ? Tout en énergie, il ne supporte pas cette ambiance de territoires de l'arrière, avec le retour de la routine d'avant guerre. Tant que la France sera occupée, il lui semble un devoir impérieux pour chacun de ses compatriotes de se consacrer entièrement à la libération de la mère-patrie. Et l'Afrique française libre n'est pas la seule visée. Dans le collimateur du général figure au premier rang le successeur à Londres du Conseil de défense, le Comité national. Comme l'immense majorité des Français libres déployés à l'étranger, Leclerc en dénonce l'inexorable évolution, le rapprochement avec la résistance intérieure et les partis politiques. Aussi ne s'y retrouve-t-il pas du tout quand, le 24 avril 1942, de Gaulle, que la propagande ennemie vend comme un dictateur en herbe, se déclare démocrate, républicain, attaché au suffrage universel et partisan d'une révolution économique et sociale. Lui aussi, il souhaite une « révolution », mais « nationale », très maurrassienne dans l'esprit. La IIIe République étant à ses yeux responsable de la débâcle, il prône le retour aux valeurs séculaires de la famille, de la religion, de la terre. Il faut faire table rase de la France de l'entre-deux-guerres, donc ne pas se compromettre avec ceux qui l'ont façonnée. Et selon une habitude bien installée, Leclerc ne s'embarrasse pas pour l'écrire, à plusieurs reprises, au premier concerné, le général de Gaulle, qui lui passe tout, jusqu'à ce que la ligne rouge soit franchie. Le 3 juin, le commandant supérieur évoque en effet les « méthodes de 1939 » de

Londres. Presque une insulte chez les FFL. Le chef de la France libre tonne aussitôt : la comparaison, écrit-il à Leclerc, « n'est pas digne ni de moi ni de vous ». Et de lui signifier, après avoir insisté sur la lourdeur de sa tâche : « Je dois vous rappeler au respect qui m'est dû. »

De Gaulle n'en voudra jamais au général pour sa liberté de ton. Il la sait nourrie par cette honte dévorante, commune à tous les FFL, d'une France allemande, mais aussi par sa qualité première, qu'il ne partage pas, lui qui, régulièrement, est sujet à de violentes baisses de moral : son inépuisable énergie. Leclerc n'arrête jamais. Une fois qu'il s'est fait une idée de l'état de l'AFL, il la travaille comme le potier son argile, afin de la remettre entièrement dans la trajectoire de la guerre. Le Tchad en est le grand bénéficiaire, puisque ce sera forcément lui le fer de lance du grand élan à venir imaginé par de Gaulle. Hommes, camions, avions, munitions, matériels sanitaires, tout y est amassé grâce au nouveau réseau routier. Ceux qui ne répondent pas efficacement aux demandes

Le 30 juillet 1942, le général inspecte les aviateurs auxquels il demande tant...

du général en prennent pour leur grade. Les Britanniques y sont habitués, que Leclerc accable assez injustement, au moins sur le plan régional, car tous les officiers de Sa Majesté qui l'approchent n'ont de cesse ensuite de vanter ses mérites et de réclamer à son profit de nouveaux matériels. *Idem* pour les Américains qui, non contents de concurrencer leurs cousins d'outre-Atlantique sur le terrain de la générosité, reconnaissent l'intérêt premier du raccourci offert par l'Afrique française libre entre le golfe de Guinée et le Proche-Orient.

En réalité, Leclerc n'a pas à chercher très loin les vrais freins à ses projets ; les Français sont historiquement maîtres en l'art de la division. La direction de l'AFL connaît ainsi un énième rebondissement avec le congédiement par le Comité national du médecin-général Sicé, coupable d'avoir vertement critiqué l'attitude du général de Gaulle lors de la demande de Washington de faire de Pointe-Noire une escale pour ses avions en route vers l'Asie[1]. Leclerc grogne, moins en raison du départ de Sicé que de la décision qui va de pair de supprimer le haut-commissariat. La conséquence en est que lui, en tant que commandant supérieur, se retrouve dorénavant aux ordres directs du Comité national. Londres semble donc prendre totalement la main en AFL, alors que Leclerc postulait au contraire à une plus grande marge de liberté. Pour ne rien arranger, il entre en conflit quasi ouvert avec la dernière autorité politique de son rang, Félix Éboué, qui lui reproche de ne pas se cantonner aux questions militaires. Le gouverneur général va même jusqu'à répandre la rumeur que Leclerc pactiserait secrètement avec la mission américaine pour obtenir les équipements qui lui font défaut. Un coup bas, car à Londres l'heure est plus encore aux tensions avec les Alliés. Le 5 mai 1942, les Britanniques, qui ne voulaient pas d'un nouveau Dakar, ont investi Madagascar sans en avertir de Gaulle et en négociant avec les autorités locales de Vichy. Le chef de la France libre se voit même interdire par Winston Churchill de s'éloigner de l'Angleterre. Comme lors de l'épisode gabonais, Leclerc ne flanche pas. Sondé par de Gaulle sur sa réaction en cas de rupture du lien avec le gouvernement britannique, il lui

1. En contrepartie, le chef de la France libre a réclamé huit avions et la reconnaissance de l'appartenance de la France libre au camp des Alliés.

réaffirme son soutien indéfectible, le répète le 10 juin en compagnie d'Éboué au consul de Grande-Bretagne et organise la traque d'une obscure cinquième colonne qui passerait par l'évêque de Brazzaville. Enfin, il étudie froidement la mise en défense de l'AFL, l'arrestation des citoyens britanniques et américains, la confiscation de leurs biens, y compris militaires – entrevoyant donc, sans le dire, la possibilité de tirer sur les Alliés…

## *Torch* souffle sur la flamme de la Résistance

La crise de Madagascar est emblématique de la place de Leclerc en 1942. L'apport principal de la France libre aux combats contre l'Axe n'est pas de son fait. Exactement au même moment, en effet, la brigade du général Kœnig, qui a à son actif l'Érythrée, la Syrie et le *Western Desert*, se couvre de gloire à Bir Hakeim ; sa résistance face à Rommel porte beaucoup plus sur le plan stratégique que les raids du Fezzan. Dans la passe d'armes de Gaulle-Churchill, la voix de Leclerc est donc plus politique, ou tout au moins symbolique du soutien de l'AFL au Général, qui échappe dès lors à la raillerie du roi sans terre. La publicité qui lui est accordée à Londres, aux États-Unis et même à Berlin ne trompe pas. Leclerc est le visage de la France combattante[1], ce qu'il est le premier à déplorer : « C'est une erreur au point de vue propagande, note-t-il pour René Pleven en août, de pousser la réclame d'un chef militaire avant qu'il ait remporté des succès réellement importants en valeur absolue. »

Quatre semaines de baroud en tout et pour tout depuis la fin de 1940 ne sauraient le combler. La première lettre de son épouse reçue en juillet est un rayon d'espoir, mais lui aussi cède parfois au dépit qui, la fatigue et le paludisme aidant, se traduit par des accès de colère impressionnants. « Vous devez dire que je suis le dernier des salauds ! se livre-t-il à l'un de ses plus fidèles, le commandant Vézinet. Vous ne le dites pas, mais vous le pensez. C'est vrai que j'ai un caractère impossible, mais si vous saviez les efforts que je fais tous les jours pour me corriger ! » Toujours ce « vilain défaut »

1. Cela lui vaudra des jalousies après guerre, particulièrement au sein des anciens de Bir Hakeim s'estimant plus méritants.

qu'enfant sa mère lui avait appris à combattre. En septembre 1942, le général de Gaulle accorde à l'AFL sa seule visite pour l'année, et il ne fait aucune annonce propre à doper le moral des troupes.

Devant la gare Congo-Océan, les généraux de Gaulle et Leclerc, le 18 septembre 1942.

Aussi, deux mois plus tard, le débarquement en Afrique du Nord, dont le chef de la France libre n'a pu le prévenir puisqu'il en a été soigneusement écarté, constitue-t-il pour Leclerc un regain d'enthousiasme sans égal ces derniers mois – aussitôt douché par l'installation à Alger de l'amiral Darlan, selon lui « un des plus grands traîtres à la France ». Le chasseur dans l'âme sent toutefois l'opportunité d'un bon coup ; à peine apprend-il l'arrivée des Alliés sur les côtes marocaines et algériennes qu'il propose à de Gaulle d'en profiter pour frapper le Fezzan ou le Niger. Pas de temps à perdre, car quatre à six semaines de préparation sont nécessaires. Les camarades de la 1re brigade française libre ne sont-ils pas, eux, partie prenante de la bataille capitale d'El-Alamein ? De Gaulle en a conscience qui, le 12 novembre, donne le feu vert pour le Fezzan, avant de préférer le Niger le lendemain et de revenir sur son premier choix le surlendemain. Ces hésitations, rares, sont le résultat des négociations à Alger qui aboutissent à l'entrée en guerre de l'ex-armée d'Afrique, contre la confirmation de Darlan à la tête de l'Afrique du Nord et l'arrivée du général Giraud au commandement en chef. De Gaulle ne peut apparaître à cet instant crucial comme le diviseur des Français. Même si, petite vengeance, il dit à Londres le contraire aux Américains, il exclut l'hypothèse nigérienne le 14 novembre et indique à Leclerc qu'il prévoit de le lancer dans le Fezzan, avec Ghadamès ou Tripoli pour terminus, lorsque la 8e armée touchera le golfe de Syrte. Le nord du Tchad entre donc à nouveau en transe, avec l'attroupement de près de 5 000 hommes et de 800 véhicules, prêts à basculer en Libye. Sauf que, le 19 novembre, le Niger – voire le Togo – redevient une option !

## Fezzan II

Dans la tempête de l'après-*Torch*, Leclerc reste droit, imperturbable, défendant de Gaulle envers et contre tous ces « traîtres » et autres « Quisling nord-africains », comme Noguès ou Boisson, qui rallient le panache de Darlan : « Nous restons persuadés, écrit-il au Général le 26 novembre, que vous êtes le seul capable de reconstruire le pays et même, après la guerre, il sera nécessaire, pendant quelque temps, d'être conduits par un gouvernement énergique et fort. » Les événements le font même gagner en virulence. En témoignent ses propos sur l'amiral Darlan : « J'espère que vous [lui] réservez le sort qu'il mérite. » Pour lire entre ses lignes, il suffit d'apprécier la « haine mortelle » qu'il avoue entretenir pour le cabinet Laval : « En fusillant deux douzaines d'individus au retour, a-t-il lâché quelques mois plus tôt, le nettoyage pourra être fait. » Les rebondissements de dernière minute sur le plan militaire ne peuvent néanmoins que le mécontenter profondément à l'aube de « la » grande opération. Fezzan, Niger, Togo ? Leclerc s'y prépare depuis tellement longtemps, grappillant les effectifs dans toute la France libre, perfectionnant les véhicules pour la conduite dans le désert, pesant et sous-pesant jusqu'aux rations alimentaires. Le 30 novembre, de Gaulle lui fixe enfin le top départ au 2 décembre. Dans l'esprit des Français, la coordination avec les troupes du général Montgomery est indispensable. Mais dans l'esprit du Grand Quartier général britannique au Caire, « l'importance de cette opération [française] est pour le moins discutable ». À vrai dire, sous-estimant la capacité de l'AFL à forger un outil véritablement utile, elle n'était pas prévue. Pire, craignant à raison l'ambition de De Gaulle d'en profiter pour faire main basse sur le Fezzan, puis pour s'imposer dans le jeu libyen, elle n'était même pas souhaitée. Mais comment empêcher les Français libres de prendre part eux aussi à la libération de l'Afrique du Nord ?

Le commandement britannique trouve un pis-aller : Leclerc se voit enjoint de ne pas dépasser le 28e parallèle, en clair de rester bien à l'intérieur du Fezzan. Le commandant supérieur accepte d'autant mieux qu'il sait déjà qu'il ne s'y tiendra nullement. En revanche, encouragé par de Gaulle, il refuse obstinément la présence dans ses rangs de deux officiers britanniques qui administreraient le territoire conquis. Le général Alexander, commandant en chef des forces du Moyen-Orient, ne s'en formalise pas : « L'intérêt réel de cette expédition n'étant pas très grand, les complications politiques qui pourraient naître d'une controverse [...] n'en valent pas la peine. » Ainsi se garde-t-il de prévenir les Français de la date de son offensive – le 16 décembre –, s'attirant les foudres de Leclerc

La paire de jumelles de Leclerc et son étui.

quand il lui demande de s'élancer 48 heures plus tôt. Le même jour, contre l'avis de De Gaulle qui jugeait préférable d'attendre, le Picard lâche la bride à ses trois groupements aux ordres de Dio, Geoffroy et Delange. Conformément à la manœuvre en tenaille retenue, le second couvre en un temps record 1 000 km de mauvaises pistes pour cingler sur Sebha, à 500 km au nord du Tchad. Pendant ce temps, Dio conquiert Uigh el-Kébir, où une base aérienne est aussitôt mise sur pied, autant pour raccourcir les délais de ravitaillement que pour contrecarrer les menées de l'aviation italienne déjà en action.

Noël est fêté en se réjouissant de la « liquidation » de Darlan ; peu importe à Leclerc son auteur, seul le résultat compte. Toute sa préoccupation va à ce moment à Oum el-Araneb, qui lui avait tenu la dragée haute six mois plus tôt. Après plusieurs accrochages avec la Saharienne, Dio s'y présente le 30 décembre et l'histoire semble bégayer. Ne tenant plus en place, Leclerc veut à tout prix y être transporté, mais le commandant de Saint-Péreuse, à la tête du nouveau groupe de bombardement Bretagne, l'en dissuade en raison du danger, puis c'est le relief qui ralentit le convoi routier. Houspillant les uns et les autres, le général surgit enfin à destination au soir du 31 décembre, soit juste à temps pour observer l'échec de l'attaque conçue par Dio. Mais il a fait école : le 4 janvier 1943, exaspéré d'attendre, le capitaine Dronne, pilier du ralliement du Cameroun, force le commandant italien à capituler. Gatroun subit le même sort le 6, puis Mourzouk. Avec le contrôle de Sebha, Leclerc tutoie la frontière fixée par les Britanniques, qui ne sont pas au bout de leurs

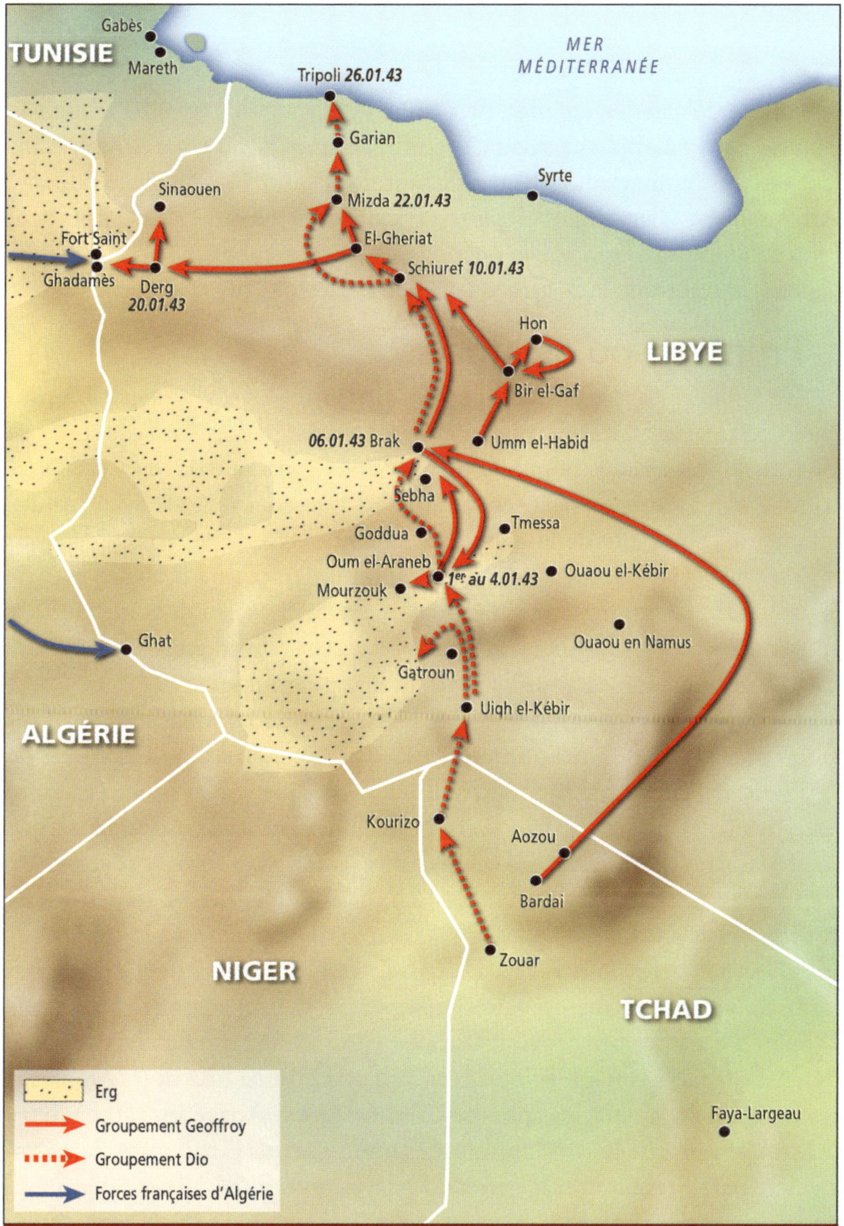


Deuxième campagne du Fezzan.

peines. Le 17 janvier, en effet, de Gaulle lui donne la Tripolitaine, puis la Tunisie comme objectifs finaux. Geoffroy fait un bond considérable dans le Nord en s'emparant de Brack, Schiuref et, enfin, le 22 janvier, Mizda : le Fezzan est allègrement dépassé, Tripoli n'est plus qu'à 160 km. Seul Hon échappe aux Français, et encore, à cause d'un mensonge du GQG du Caire affirmant que la $8^{e}$ armée l'occupe déjà.

## Frontière ou cicatrice ?

Ce qui inquiète peut-être le plus les Britanniques est l'« opération psychologique », le travail de propagande entrepris par les Français pour se garantir le soutien des populations indigènes. Chacune de leurs colonnes compte son groupe de partisans d'Ahmed Bey, chef senousi ayant trouvé refuge au Tchad lors de la conquête italienne. Un de ses messages avait déjà servi de viatique à Leclerc pour capter la sympathie des villageois de Koufra. Dès lors, il n'est pas rare que les Français soient acclamés lors de leur entrée dans les localités ou qu'ils y assurent eux-mêmes le rétablissement de l'ordre, quitte à fusiller les fauteurs de troubles.

Dans la remontée fulgurante des FFL, il reste à conquérir deux autres cibles plus politiques que militaires, Ghat et Ghadamès. À la frontière de l'Algérie, les cités mythiques du commerce des caravanes pourraient être investies par l'armée d'Afrique du Nord. De Gaulle tient donc à ce que ses troupes y devancent les méharistes sahariens, voire, cerise sur le gâteau, les fassent passer sous leur commandement. Les tentatives de coordination entre les deux côtés de la frontière sont infructueuses. Or les villes sont très loin de l'axe central de progression de Leclerc, qui tente donc à Ghat une opération aéroportée. C'est seulement parce que l'appareil transportant ses tirailleurs est contraint à faire demi-tour par la défense antiaérienne qu'il cède l'objectif à la compagnie du Hoggar. En revanche, le 26 janvier, le capitaine Charles-Élie d'Abzac, un « Tchadien » du groupe nomade du Borkou, entre le premier dans Ghadamès. Aussitôt, Leclerc part y rencontrer le général Delay, commandant l'Est saharien. Il en espère beaucoup et n'est que partiellement déçu. En gage de ses bonnes dispositions, Delay lui offre en effet des cartes très précieuses, où

Quand deux France se retrouvent à Ghadamès le 2 février 1943 : les généraux Leclerc et Delay (au second plan, le commandant Delange et le capitaine d'Abzac).

figurent en particulier les voies empruntables par des véhicules pour contourner la ligne Mareth, anciennement destinée à barrer la route de Tunis aux Italiens, désormais retournée par les Allemands. Leclerc est moins heureux de se voir ensuite proposer par son interlocuteur de rejoindre le général Giraud qui, suite à la disparition de Darlan, est appelé à prendre le titre de « commandant en chef civil et militaire » de l'Afrique du Nord. Leclerc n'a qu'un chef, c'est de Gaulle…

## Rencontres de bord de mer

Ces retrouvailles entre les deux armées françaises ne sont pas les seules. Pendant ce temps, en effet, les troupes du Tchad ont continué leur route jusqu'à Tripoli, où la famille FFL se reconstitue, puisque l'avant-

En Libye, la cohorte Leclerc fait la jonction avec la 8e armée du général Montgomery.

garde de Leclerc y fait la jonction avec celle de la 8e armée qui n'est autre que le légendaire BIM, le bataillon d'infanterie de marine de la 1re DFL, pionnier du ralliement à la France libre au Levant. Leclerc, pour sa part, décroche enfin l'entretien qu'il réclamait avec le général Montgomery[1] depuis trois semaines. Les deux généraux n'ont pas beaucoup de points communs, sauf peut-être

1. Il faut lire l'ouvrage remarquable que lui a consacré Antoine Capet dans cette même collection.

leur méfiance bien ancrée pour tout ce qui vient d'une rive différente de la Manche que la leur. Mais l'air de la victoire est enivrant, qui fait oublier nombre de préjugés. Leclerc séduit l'état-major britannique par sa simplicité et sa combativité. « Je vais pouvoir faire quelque chose avec ce gars-là », lâche Monty qui accepte le *deal* proposé par le Français : contre leur rééquipement, les 2 300 FFL passent sous commandement britannique. Mais il ne faut pas plus de quelques jours pour que le ton se durcisse. Le GQG du Caire n'apprécie pas du tout la prise de contrôle administrative du Fezzan par les Français, contrairement à ce que Leclerc avait assuré au patron de la 8e armée. Au Caire, le général Alexander rappelle que, puisque les FFL sont désormais aux ordres de Montgomery, les villes qu'ils ont conquises doivent passer sous bannière de l'Union Jack. Des négociations s'ouvrent le 10 février 1943 et aboutissent à retenir le 28e parallèle comme limite de la zone d'administration française. Une première victoire pour la France libre, qui n'était pas prévue au partage de l'Afrique du Nord. Reste à régler, plus au nord, le cas de Ghadamès, Sinaouen et Derj, que les militaires britanniques ne veulent pas voir leur échapper quand le Foreign Office préférerait éviter un nouveau *casus belli* avec de Gaulle. Secondé par le lieutenant-colonel Delange, promu gouverneur militaire du Fezzan, Leclerc se montre habile en obtenant le maintien de l'administration française contre l'affichage inoffensif des proclamations édictées par les Britanniques dans le reste de la Libye.

Le GQG reste *fair-play*, qui livre en douze jours l'équipement promis par Montgomery. Il était temps : Leclerc et les siens souffraient d'un véritable choc thermique après leur remontée express du Tchad vers la Libye. Revêtant enfin des *battle-dress* dignes de ce nom à la place de leurs tenues en toile légère, ils perçoivent aussi un lot non négligeable de canons, camions, pièces antichars et même des renforts humains : quatre-vingts sapeurs et une batterie antiaérienne britanniques, ainsi que des frères de résistance, les Grecs libres du « *Sacred Squadron* » aux ordres du colonel Christodoulos Gigantes. Reposée, lavée, rééquipée, la cohorte prend le nom de « force L », à laquelle l'état-major britannique attribue dans la campagne tunisienne qui s'ouvre une mission à peu près semblable à celle de ses camarades français à Bir Hakeim : tenir de manière statique Ksar Rhilane, à l'extrémité ouest du front, afin d'éviter une prise à revers par l'ennemi. Cette oasis, la plus au sud de Tunisie, correspond à l'endroit où la ligne Mareth vient mourir dans le désert. L'histoire veut donc que celui qui restera comme une icône de la guerre de chars va accomplir son premier grand fait d'armes dans les tranchées. Dépourvu de blindés, le général opte en effet pour la dissimulation. À partir du 23 février, toute la force L s'enterre, afin que rien ne dépare dans une végétation très éparse. Répartissant méticuleusement ses troupes, Leclerc est plus intraitable encore que d'habitude, car il sait que le premier vrai grand test approche. Ce ne sera plus la Saharienne en face, mais l'*Afrika Korps* qui, même s'il a été malmené par la 8e armée britannique, reste une impressionnante machine de guerre.

## « Il était si sympathique... »

Avant l'ouverture des hostilités, Leclerc se permet une étonnante parenthèse qui démontre que ses préoccupations ne sont pas que militaires. Dès qu'il avait appris son évasion de France, il avait en effet vanté les mérites du général Giraud, tant appréciés dans les heures épiques de la pacification du Maroc. « Un très grand Français et un grand chef », avait-il confié, avant d'oser la comparaison suprême : « Il rappelle le général de Gaulle par de nombreux traits de son caractère. » Depuis, les palinodies à Alger et l'épisode de Ghadamès ont troublé son image. Leclerc veut avoir les idées claires avant de partir au combat. Le 2 mars, il dépêche auprès de Giraud le capitaine Langlois, qui dépeint à son retour un général hautain, décidé à mettre de Gaulle au pas. Une rencontre s'impose, en misant sur les derniers espoirs d'union nationale, mais Leclerc n'en a pas le temps. Le 6 mars, Rommel a pris l'initiative en lançant l'opération *Capri* vers Médenine, soit à 120 km à l'est des positions françaises. Un échec retentissant, qui se conclut par le retour en Europe du maréchal ; mais Hitler, lui, ne veut rien lâcher, et oblige von Arnim à relancer l'assaut. Le 9 mars, Montgomery prévient Leclerc de l'attaque imminente de la 90e *Panzergrenadierdivision*. « Rompez le combat, conclut-il, et faites 50 km en arrière. »

Il n'y a pas que la fierté qui pousse le Français à refuser ; un repli si rapide lui est impossible avec les moyens de transport à sa disposition. Obtenant la promesse d'un appui total de l'aviation, il se précipite pour rentrer à Ksar Rhilane et ordonner le branle-bas de combat. Le lendemain matin, le capitaine Savelli, œuvrant en chien de garde au nord-est de la position, encaisse au djebel Outid l'arrivée de la reconnaissance allemande. Selon les ordres de Leclerc, il se replie en contournant la position centrale afin de ne pas la dévoiler. Le stratagème fonctionne : la division ennemie vient s'empaler sur un feu violent qui, sous le contrôle du général, ne se déclenche qu'à courte distance. L'apparition de la Royal Air Force aide à repousser l'assaut qui est reconduit en fin de matinée, cette fois au sud. Au PC de la 8e armée, les Français sont donnés pour vaincus. « C'est dommage ! s'exclame Montgomery. Ce Leclerc, il était si sympathique ! » Mais la force L surmonte encore le choc sans vaciller. C'est dans l'après-midi que la sombre prédiction britannique pourrait se vérifier. Furieux de cette résistance inattendue, l'*Afrika Korps* utilise en effet tous les moyens pour en venir à bout. Aviation, chars, artillerie se succèdent, mais les Français ne lâchent rien, avec l'aide salutaire de la RAF.

Un coup de maître pour un coup d'essai. « Le premier contact avec le Boche a été une victoire, s'enthousiasme Leclerc, les autres le seront aussi ! » Les plus dithyrambiques se recrutent au GQG du Caire, qui salue « la personnalité la plus remarquable du Tchad, très courageux personnellement et un excellent commandant, source d'inspiration. Respecté par tous et aimé par la plupart. À l'inverse de la majorité des officiers français, il est très sûr, et on peut lui faire confiance pour ne pas parler. Il tient à s'occuper de tellement de choses que s'il venait à disparaître, il est à redouter que son successeur ne puisse être au courant de tout ». Leclerc en donne encore la démonstration ; pas question en effet pour lui d'attendre les ordres du 10e corps d'armée britannique auquel sa force a été rattachée. Déjà, le 19 mars, à une vingtaine de kilomètres au nord de Ksar Rhilane, Dio a pris le djebel Outid avec les spahis

Aucun confort particulier pour le général qui déjeune ici sur l'herbe au Chott el-Tedag (mars 1943).

marocains du commandant Rémy, transferts de la 1re BFL aux côtés de la compagnie de chars du capitaine Divry[1]. Le 22, le général Horrocks, commandant du 10e corps, propose à Leclerc de nettoyer le djebel Metlab, observatoire rêvé au centre de la trouée de Gabès. Il reste stupéfait d'entendre le Français lui rétorquer qu'en dépit de la faiblesse de ses moyens il pense pouvoir s'occuper de toute la région. Et encore ignore-t-il sans doute que, l'accord en poche, Leclerc, sans même en prévenir son chef d'état-major, improvise une troupe de choc avec le groupe nomade du Borkou et de l'artillerie, et qu'il passe immédiatement à l'acte !

Comme vingt ans plus tôt, le voici repérant lui-même le terrain, à pied, s'exposant non sans inconscience aux balles ennemies. Car les défenseurs sont surpris, mais ils répliquent férocement. Les échanges durent cinq jours, Leclerc frôlant à nouveau la mort le matin du 23 mars quand, juché au sommet nu du Metlab, des obus s'écrasent à

1. Spahis et chars forment la *French Flying Column*, qui s'est déjà distinguée lors des combats d'El-Himeimat.

quelques dizaines de mètres de lui. Les « Tchadiens » y font leurs premiers prisonniers allemands, mais leurs morts commencent aussi à s'accumuler : dix d'entre eux sont tombés depuis Ksar Rhilane, auxquels il faut ajouter sept tirailleurs et trente blessés en tout. Leclerc a toutefois tenu son pari : le djebel est resté aux Alliés, qui s'en vont prendre Gabès – première ville française débarrassée de ses occupants.

## Des pages se tournent

Le commandant de la force L n'est pas homme à étaler ses doutes. En a-t-il seulement eus lorsque, débouchant du fin fond du Tchad avec une horde de guerriers dépenaillés qui n'avaient que quelques raids pour trophées, il a été aligné aux côtés d'unités britanniques qui, elles, ferraillaient depuis deux ans dans le *Western Desert* ? Le premier mois en tout cas atteste de son redoutable sens tactique et d'une *vista* qui n'appartient qu'aux grands chefs. Hélas, il se conclut par une fausse note : le 2 avril 1943, en effet, Montgomery juge bon de le convier à dîner avec le général Giraud. Le rapport du capitaine Langlois ne lui avait certes guère laissé d'espoir, mais l'entêtement qu'il découvre chez son ancien supérieur à rejeter de Gaulle, voire à lui proposer de changer de camp, lui fait définitivement tourner la page. Giraud ne sera plus désormais à ses yeux que le « délégué malgré lui du maréchal Pétain ».

La poursuite des combats n'autorise de toute façon aucun relâchement. Leclerc se montre un parfait exécuteur des volontés gaulliennes. Ainsi joue-t-il des coudes pour que les plans alliés, dans l'effort final vers Tunis, ne mégotent jamais sur le rôle accordé à sa modeste force L. Et quand tel est le cas, il en fait sa propre lecture. À force d'insistance, il reçoit ainsi la responsabilité de protéger le flanc gauche de la 8e armée. Craignant qu'elle ne le cantonne à l'arrière, il ordonne de foncer beaucoup plus au nord, en direction de Mezzouna, où le QG britannique a la surprise d'apprendre son arrivée le 9 avril. Trois jours plus tard, il est à Kairouan, puis le 15 au djebel Fadeloun. Un marqueur de la maestria de cette manœuvre est la montée de la grogne au sein de la troupe FFL. Le travers des grands esprits est parfois en effet d'attendre des autres leurs propres qualités. Pétri par la rigueur familiale, d'un ascétisme monacal, Leclerc ne mesure pas toujours ce que ses traits de génie exigent de ses hommes. Pour résumer crûment : ça râle. Outre le rythme effréné, l'organisation tactique complexe imaginée par le général – qu'il change souvent à la dernière minute – désoriente, tandis que son omniprésence à tous les niveaux de commandement finit par devenir insupportable.

Une table rudimentaire et des chaises pliantes, voilà le bureau du général en campagne.

## 5. IL N'Y A PLUS QUE LA MÉDITERRANÉE

Après quatre mois d'un baroud insensé depuis le Tchad, l'encadrement et la troupe sont sur les nerfs. Heureusement, le répit est pour bientôt. Après la prise du Fadeloun le 19 avril, la force L bascule aux côtés de la 4e division hindoue. Face à elle, le djebel Garci. La partie s'annonce très rude, car le relief protège l'accès sud du cap Bon, d'où l'ennemi évacue l'Afrique du Nord. Le général Alexander préférant concentrer son attaque au nord-ouest, la chevauchée poussiéreuse des Français libres se termine dans ces paysages de carte postale. Fin de la Tunisie, dont la capitale est libérée le 8 mai. Fin de l'Afrique aussi, que Leclerc ne reverra plus, en dépit de son rêve exprimé au Cameroun d'y amener ses enfants. Il doit être écrit que les héros ne reviennent jamais sur les traces de leurs exploits…

# UN GÉNÉRAL POLITIQUE

6

Dans le marigot de l'Afrique du Nord comme dans les immensités désertiques, Leclerc se simplifie l'existence en fixant un cap auquel il ne déroge jamais. Tout est dit lorsqu'il explique en 1943 à l'écrivain américain Hassoldt Davis, qui le suit depuis un an : « La France ne se connaît qu'un seul chef, de Gaulle, et elle demande que les Alliés fassent de même. » De passage à Sousse le 25 avril, il a ainsi ordonné à la foule qui scandait son nom de crier : « Vive de Gaulle ! » Le 20 mai, il refuse l'invitation à déjeuner du général Juin, après que ses troupes ont été acclamées lors du défilé de la victoire à Tunis. Enfin, il intègre dans ses rangs tous les soldats qui, attirés par les exploits des Français libres depuis l'été de 1940, fuient l'armée d'Afrique du Nord, s'attirant le courroux de Giraud, et la bénédiction de De Gaulle. Les deux généraux coprésident depuis le 3 juin le nouveau Comité français de la libération nationale (CFLN) qui, dès les premiers jours, est menacé d'implosion en raison d'une tentative avortée du chef de la France libre d'en chasser son concurrent. Les Alliés n'en peuvent plus, qui somment les Français de mettre un terme à leurs querelles intestines. La première conséquence en est le congédiement des deux unités FFL qui, sous le prétexte du rétablissement de l'ordre, se voient demander de quitter le territoire français qu'elles ont pourtant contribué à libérer et de regagner la Libye. De quoi donner du grain à moudre à l'intraitable général de Larminat, qui se démène pour obtenir qu'elles soient placées sous commandement britannique afin d'échapper à la férule d'autorités restées fidèles à Pétain.

## Ni une division, ni blindée

Leclerc pense un temps à un baroud d'honneur, mais les Britanniques coupent le robinet du ravitaillement. Les FFL font donc demi-tour, direction la canicule de Zouara pour la 1re DFL, la palmeraie plus attrayante de Sabratha pour la force L, rebaptisée 2e DFL. Le comportement s'en ressent immédiatement, la discipline se relâche et les commandants des unités alliées voisines s'en plaignent. Mais Leclerc est beaucoup plus occupé à préparer les combats suivants ; car sa horde bigarrée, qu'accompagne toujours la colonne volante du commandant

Rémy, n'a absolument rien de l'unité « moto-mécanisée » que l'ordre de bataille des troupes d'Afrique du Nord indique désormais. Comme à son habitude, le général ne prend pas de gants : « Le général de Gaulle veut-il une division blindée ? », intitule-t-il, non sans provocation, son rapport du 13 juin 1943. Et de dresser la liste de toutes ses lacunes, qui balance entre le réquisitoire et l'inventaire à la Prévert, puisque tout lui manque, hommes, véhicules – le déficit est estimé à près de mille ! –, armes, transmissions, etc.

En résumé, avec seulement trois milliers de soldats, sa prétendue « division blindée » n'est ni une division, ni blindée… Et Leclerc doit encaisser un nouveau coup dur : jugés inaptes au combat de chars et aux frimas européens, les tirailleurs sont renvoyés dans leurs foyers. Et encore un millier d'hommes en moins ! Quant au matériel, le programme de rééquipement négocié par Giraud avec les Américains en janvier, à Anfa, ne concerne évidemment pas les FFL. L'armée française comptera bien à l'avenir trois nouvelles divisions blindées, mais il n'est pas prévu que la 2e DFL figure dans le lot. Leclerc bouillonne et s'emporte souvent contre le commandement FFL, ainsi que son propre entourage, sur lequel il reporte injustement toute sa colère. De Gaulle ne lui en porte pas grief, qui voit en lui « un futur Lasalle », le héros de la cavalerie qui, avec sa « brigade infernale », fit basculer le sort de bien des batailles. En accord avec son nouveau commandement, il le promeut général de division, une troisième étoile que Leclerc, suivant une habitude établie, rejette dans un premier temps, avant d'en conditionner le port à la constitution cette fois d'une « vraie » division. Et pour cela, tout est bon. Enfreignant les ordres, il laisse venir à lui les volontaires, qui demeurent toutefois largement insuffisants. Le réalisme, mais aussi l'intelligence le conduisent donc à se montrer plus ouvert à l'égard de tous ceux qui pourraient l'aider à reconquérir la France. Ainsi reconnaît-il bien des vertus à la résistance intérieure, que la propagande ennemie décrit pourtant comme très largement communiste : « Ce dont je suis sûr, c'est que je peux leur parler de patriotisme et de la France, et qu'ils comprennent, eux ! »

Mais c'est surtout vers les unités d'Afrique du Nord que s'étend le regard du général, ces dizaines de milliers d'hommes dont il aurait tant besoin pour sa division. Des rencontres à Alger avec certains de ses anciens élèves de Saint-Cyr, à Rabat avec son frère Guy qui avait été nommé par Vichy en Afrique du Nord avant le débarquement allié, et surtout à Mascara avec celui qui fut son instructeur à Saumur, le général Touzet du Vigier[1], lui font mettre de l'eau de concorde dans son vin très corsé de l'après-1940. « En exceptant naturellement ceux qui ont trahi et collaboré avec ostentation, explique-t-il, il faut se garder d'être trop sévère. Ils ont été trompés. [...] Du moment qu'ils travaillent chacun dans sa sphère, au but commun, nous devons les considérer tout simplement comme des Français. Il faut savoir oublier. » C'est même une obligation, sinon le patient jeu de Meccano dans lequel il se lance s'effondrera sur lui-même. Les troupes FFL, en effet, ne sont capables de lui offrir pour l'heure qu'un seul des trois régiments de chars nécessaires à une division blindée. Le 501e, confié au lieutenant-colonel Cantarel, naît du détachement du capitaine Divry présent dans la colonne volante, d'un escadron fraîchement arrivé d'Angleterre sous le commandement du capitaine Branet, enfin de l'unité du lieutenant Ratard, qui jusqu'à présent veillait à ce que le Niger ne vienne pas contrecarrer les projets du Tchad. Leclerc grappille de même des éléments dans toute l'Afrique ou au Levant pour bâtir un bataillon du génie et un service de santé ; de l'artillerie commence à être ponctionnée au Maroc et en Algérie. Afin d'espérer trouver le reste, le général requiert de quitter la Libye pour le Maroc, où la corne d'abondance américaine déverse les énormes cargaisons ayant traversé l'Atlantique. Le 31 juillet, dût-il lui en coûter, il va même en réclamer la faveur au général Giraud. En vain. Alors, quand il déjeune en compagnie de De Gaulle, il lui propose rien de moins que de basculer tout de suite, avec tous ses hommes d'origine européenne, en Angleterre. Son pire cauchemar serait en effet d'être oublié lors de la grande opération alliée en France que, l'année précédente, le Général lui a vendue comme très probable pour 1943. « Il écoute à

1. Une figure charismatique de la cavalerie française.

peine et ne marche pas, note-t-il ensuite avec dépit. Toujours la même méthode qu'à Libreville. » Un peu plus tard, il le décrira « plus intellectuel qu'homme d'action ».

Si Leclerc est dans son rôle de proposition, de Gaulle est dans le sien en pesant chaque geste à l'aune de la stratégie mondiale et de la géopolitique française. Sa réaction négative encourage son jeune subordonné à se démener plus encore. Dans les jours suivants, Leclerc décroche un deuxième

Trois figures de la France Libre : Larminat, Kœnig, Leclerc.

Le régiment de marche du Tchad perçoit son nouveau matériel en forêt de Temara.

régiment de chars, le 12e chasseurs d'Afrique, après entente avec son commandant, le colonel Paul Girot de Langlade[1], et le chef de l'état-major de l'armée de terre à Alger, le général Leyer. Via ce renfort de choix, la 2e DFL démontre combien elle est aussi un symbole politique. Du côté de Leclerc comme de Langlade, les ressentiments, alimentés par deux années de préjugés parfois, d'ignorance souvent, sont mis de côté au profit de la conviction partagée que la France a besoin de tous pour être libérée. La 1re DFL, elle, s'y refuse. Se considérant, non sans raison vu l'antériorité de ses opérations, comme la gardienne du temple FFL, elle n'intégrera jamais aucune unité d'Afrique du Nord en entier.

Le but avant les moyens : Leclerc ne s'en défait pas. Il est vrai que, depuis le 31 juillet 1943, les Forces françaises libres n'existent plus. Elles ont cédé la place aux « Forces françaises combattantes », qui consacrent leur fusion avec l'ex-armée d'Afrique. Sans aucune nostalgie pour Leclerc : « Aujourd'hui, souligne-t-il, l'armée française reprend le combat, notre mission est terminée. Nous avons été le trait d'union. Il ne nous reste plus qu'à rentrer dans les rangs de l'armée, puisqu'elle est décidée à combattre les Allemands. » Ainsi accepte-t-il de même pour son infanterie, réduite comme peau de chagrin à cause du départ des tirailleurs, une unité pour le moins singulière, le corps franc d'Afrique (CFA), où Giraud a enrôlé après le débarquement américain tous ceux qui jugeaient les troupes d'Afrique du Nord trop pétainistes. Y figurent beaucoup de francs-maçons – « moi, calotin, s'amuse-t-il à noter, commandant à toutes ces crapules ! » – et surtout des Espagnols qui, *dixit* Leclerc, « font peur à tout le monde » ; ces anciens des Brigades internationales sont appelés à former la légendaire « *Nueve* », la 9e compagnie du régiment de marche du Tchad (RMT), aux ordres du capitaine Dronne.

1. Héros de la Grande Guerre.

## L'esprit Leclerc

L'été 1943 se termine en fanfare avec la nouvelle attendue depuis des mois : la 2e DFL est intégrée au programme Anfa ; ses problèmes de matériel seront donc bientôt derrière elle. À l'occasion, elle change à nouveau de nom : la 2e division blindée fait son entrée dans l'histoire du conflit.

Fin de l'exil libyen aussi. Pour toucher ses véhicules, l'unité traverse toute l'Afrique du Nord et prend ses quartiers dans la station côtière de Temara. Leclerc peut dès lors arborer sa troisième étoile, car la force L devient une vraie division avec trois régiments de char, le 12e chasseurs d'Afrique se dédoublant en 12e cuirassiers que commande le colonel Roger Noiret, passé en Afrique du Nord lors de l'invasion de la zone libre par les Allemands. L'installation au Maroc a un autre avantage : 15 km seulement séparent la 2e DB de Rabat, où débarquent les milliers d'évadés de France qui, après avoir franchi les Pyrénées, ont été arrêtés et emprisonnés par les forces de sécurité espagnoles. Des recruteurs FFL et giraudistes se les disputent sur les quais, et la légende de Leclerc, le vainqueur

À Temara, vue aérienne du PC du général Leclerc qui occupe la villa de gauche.

Le 11 novembre 1943, la 2e DB défile à Rabat devant le char du général.

de Koufra, permet d'en attirer beaucoup. Un centre d'instruction, confié au polytechnicien Jacques Weil, les initiera au matériel américain.

Leclerc s'active à vérifier que l'amalgame prend entre les troupes d'origines si diverses ; là où son camarade de la 1re DFL Diego Brosset peut bâtir sur des fondations solides avec une composition presque entièrement FFL, lui doit d'abord créer du lien et, comme d'habitude, sans que l'échec soit envisageable. À coups de repas, de parlottes, de réunions, il s'échine à faire comprendre aux adversaires d'hier que la libération de la France ne peut souffrir aucune division. En les faisant stationner les unes à côté des autres, il oblige les unités venues de la France libre et de l'armée d'Afrique à mieux se connaître. Et quand certains y mettent de la mauvaise volonté, il n'hésite pas à les sanctionner – durement…

Pour beaucoup, cette capacité à rapprocher les deux France est la marque la plus forte de « l'esprit Leclerc ». Un pouvoir d'adaptation rare en fait aussi incontestablement partie. Voilà en effet un officier issu de la cavalerie française la plus traditionnelle, à la tête pendant trois ans d'une bande motorisée entièrement improvisée, et qui doit désormais se mouler dans les canons très stricts des divisions blindées américaines : pas de répartition en régiments à la française, mais des « groupements tactiques » aux allures de poupées gigognes ; chacun est composé d'un régiment de chars, d'un bataillon d'infanterie, de deux escadrons d'automitrailleuses et d'antichars, d'un groupe d'artillerie, avec tous les appuis nécessaires en armes antiaériennes, génie et service de santé ; chaque groupement pouvant à son tour se dupliquer suivant le même procédé en sous-groupements. À leur tête, Leclerc place deux de ses officiers les plus sûrs, Dio et Langlade. Le troisième groupement tactique revient à un colonel évadé par l'Espagne et connaisseur de l'arme blindée, Michel Malaguti. Le quatrième et dernier est attribué à l'ancien commandant de la colonne volante, le colonel Rémy ; d'organisation plus légère, il est appelé à venir épauler les autres lors des contacts. Une tentation aurait pu être de former des groupements 100 % FFL, 100 % armée d'Afrique, 100 % ralliés de France. L'état-major de la 2e DB, avec les Guillebon, Bernard, Quilichini, Repiton-Préneuf, Lantenois n'est-il pas déjà presque entièrement aux mains des Français libres[1] ? Fidèle à son obsession de l'amalgame, Leclerc mixe au contraire les unités de telle sorte que de l'infanterie venue du Tchad parte au combat avec des chars d'Afrique du Nord. La clé en est un entraînement intense, pour que les réflexes durant la bataille soient plus forts que les récriminations d'une violence à vrai dire très inquiétante encore. Quand les FFL taxent le 12e régiment de cuirassiers de « 12e nazi », les anciens de l'armée d'Afrique usent de « royal voyou » pour qualifier le 1er régiment de spahis marocains !

## Le ticket pour les Champs-Élysées

Face à ses troupes, Leclerc prônera en permanence l'union. Mais dans son bureau, il mugit

1. Seul le 3e Bureau a été attribué au commandant André Gribius, venu de l'ex-armée d'Afrique.

contre l'état-major du général Giraud qui freinerait le rééquipement de ses unités, soulignant que les deux divisions blindées déjà pourvues sont « les plus fidèles troupes du Maréchal ». Aussi, lui qui a voué aux gémonies les propagandistes de Brazzaville ou de Londres qui donnaient à ses opérations une ampleur disproportionnée, il n'hésite pas désormais à jouer sur le même registre pour interpeller de Gaulle : « Dans l'armée française actuelle, lui écrit-il le 22 octobre 1943, du fait des combats antérieurs, ma DB n'est pas X ou Y, mais "représente" quelque chose aux yeux de tous ; je ne le dis pas par vanité, mais c'est un fait que vous connaissez aussi bien que moi. » Et de s'interroger en politique plus qu'en militaire : « Est-il sans importance qu'une semblable unité entre en action derrière des gens qui hier encore portaient la francisque et dont les chefs n'ont rien abdiqué ? » Seconde question : « Étant donné l'état de la France de demain, est-il sans importance que les gens les plus fidèles à de Gaulle, c'est-à-dire à la cause nationale, perdent leur prestige et leur moral ? Est-il indifférent pour le prestige et l'autorité du général de Gaulle, chef de la France de demain, que les troupes à croix de Lorraine, fondues dans la masse, mais à l'esprit toujours vivant, ne soient pas en bonne place ? »

De Gaulle intervient pour que Leclerc obtienne son dû. Mais la constitution du corps expéditionnaire français en Italie rajoute aux déboires FFL. La 2e DB se voit contrainte de céder son régiment de tanks destroyers, le 7e chasseurs d'Afrique, tandis qu'une partie de ses canons est déroutée vers la Sicile. Mais le pire sans doute pour Leclerc est de ne pas savoir si ses troupes seront engagées, et surtout où et quand. Vont-elles encore subir la vindicte giraudiste et ne plus sortir d'Afrique ? Rallier le général Juin dans les Abruzzes infernales où les blindés sont bien peu recommandés ? Leclerc ignore à peu près tout de la partie essentielle qui se joue dans les coulisses des gouvernements alliés. De Gaulle n'a rien lâché de son ambition de voir les siens participer à la reconquête nationale. Si ses homologues américain et britannique en comprennent la portée politique, leurs chefs d'état-major se rejoignent pour estimer que les Français doivent faire leurs preuves en Italie avant de pouvoir postuler à la libération de leur propre sol, et encore, uniquement par le sud : la Normandie doit rester selon eux la chasse gardée des Alliés, que la complexité de l'opération tourmente déjà suffisamment pour ne pas y ajouter un nouvel acteur aussi turbulent que la France. En tout cas, le vieux complice de l'été 1940, René Pleven, assure à Leclerc le 31 octobre que le CFLN fait le *forcing* et que, si gain de cause est obtenu, « nous devons prévoir que notre participation sera très faible et ne dépassera pas une division, tout au moins pendant les premières opérations. Nous désirons que cette division soit la vôtre ».

Le commandant de la 2e DB n'est pas homme à se contenter de si peu ; en décembre, exaspéré par l'incertitude générale, il décide de taper au plus haut, en faisant porter à de Gaulle une lettre récapitulant toutes ses interrogations. Le *missi dominici* est un de ses anciens élèves à Saint-Cyr, le capitaine Alain de Boissieu, qui a servi à Londres après son évasion des camps de prisonniers de Poméranie en 1941. Le premier pas sur la terre de la mère patrie est accompli ce jour-là. De Gaulle délivre en effet une réponse sans ambages : la 2e DB débarquera bien en France, dans le Nord et non dans le Sud. Tout sera donc fait pour pourvoir à ses dernières difficultés matérielles. Mais le Général va plus loin : c'est Paris qu'il lui donne pour objectif, dans le but d'y « rétablir l'autorité de la France » et, à cette fin, il institue le 14 décembre Leclerc gouverneur militaire de la capitale. Tel un ticket d'entrée pour un concert à guichets fermés, l'ordre manuscrit – pour éviter toute fuite – ne quittera plus le portefeuille du commandant de la 2e DB…

## La « division politique »

Après plus de trois ans de baroud, l'apparition de la tour Eiffel à l'horizon ne peut qu'inspirer de la jubilation à Leclerc. De même, l'engagement d'Eisenhower, obtenu par de Gaulle le 30 décembre, d'employer des troupes françaises pour la reconquête de la capitale. Mais l'effet ne dure pas. Même la libération de Paris ne saurait suffire à un homme forgé au dépassement permanent par les jésuites de la Providence. « L'objectif que j'ai fixé à ceux qui sont partis du Congo

Croix de Lorraine portée par le général Leclerc.

avec moi, il y a trois ans, était Strasbourg, explique-t-il au soir du 31 décembre à ses troupes. Mon vœu pour 1944 est d'atteindre cet objectif. » De fait, les contrariétés ne tardent pas à revenir noircir le tableau lumineux achevé par de Gaulle. C'est tout d'abord le général de Lattre de Tassigny, appelé à commander les troupes françaises lors du débarquement dans le sud de la France, qui laisse entendre que la 2e DB pourrait rester sous son commandement. Puis Leclerc, qui faisait tout pour en rester éloigné, se voit rattraper par les troubles d'Afrique du Nord. Le 11 janvier 1944, les nationalistes créent l'Istiqlal, qui réclame l'indépendance du Maroc. Seize jours plus tard, Leclerc reçoit la tâche ingrate de rétablir l'ordre dans Rabat en proie à de violentes manifestations et, pire, d'en faire juger les responsables par son tribunal militaire ; pas de quoi faire remonter le moral des hommes que plombent l'attente et l'indécision.

Le chaud alterne avec le froid. D'un côté, le général Giraud, oubliant les tensions d'hier, jure à Leclerc le 8 février avoir plaidé pour l'envoi rapide de sa division en Angleterre. Churchill aurait appuyé, garantit-il, tout comme le général Marshall, chef d'état-major des forces américaines. Un mois plus tard, le commandant de la 2e DB apprend qu'il n'y aurait pas de navires disponibles. Pourtant, ses troupes viennent de passer avec brio l'inspection du général Kingman qui, dans les faiblesses, a surtout pointé la déficience en tanks destroyers. Leclerc devine que la raison n'est pas militaire. « Nous sommes la division politique », reconnaît-il sans employer l'adjectif de « gaulliste » qui aurait été plus ajusté. Désemparé, il se laisse aller à des colères impressionnantes qui alternent de plus en plus fréquemment avec des crises de paludisme. Dans ces moments pénibles pour tous, il ne fait plus de distinction entre les états-majors giraudistes à Alger et gaullistes à Londres. Tous sont soupçonnés de comploter contre lui. « Cela, explose-t-il un jour devant son aide de camp, le capitaine

Christian Girard, la France le saura, je le dirai, elle connaîtra cette escroquerie… D'ailleurs, si cette mesure n'est pas rapportée, je demande la dissolution de la division, je m'en vais. […] Je me fiche pas mal des histoires de galons et autres fadaises auxquelles pensent tous ces vieux crabes. Le jour où j'en aurai besoin, je sais très bien que je pourrai aller trouver le général de Gaulle et lui demander n'importe quoi, de rejoindre Boislambert ou de me parachuter à Bordeaux. »

Le « vilain défaut » de l'enfance serait-il définitivement le plus fort ? Leclerc envisage-t-il vraiment d'abandonner cette division qu'il s'échine à bâtir ? Le réquisitoire ressemble plus à un coup de sang. Mais quel officier aussi imprégné que lui du devoir national ne perdrait pas ses nerfs face aux pas de deux incessants du commandement allié, qui un jour encense la 2e DB, un autre met en doute ses capacités réelles, pour finir, début mars 1944, par ne plus envisager pour elle que la mission subalterne et humiliante d'occuper la ville de Reims ? Le plus fidèle soutien de Leclerc est cependant le Premier ministre britannique qui, en dépit de ses débats orageux avec « Jeanne d'Arc », c'est-à-dire Charles de Gaulle, sait pertinemment que des Français doivent être présents au tout début de la libération de leur pays. Le 10 mars, il fait discrètement savoir au président du CFLN qu'il pense Eisenhower enfin de cet avis et que les contraintes de *shipping* sont surmontables. « Je suis plutôt confiant quant à ma réussite », indique-t-il, en usant très certainement d'une litote. Car moins d'un mois plus tard, c'est fait : le premier embarquement de la 2e DB pour l'Angleterre est fixé au 10 avril. Le voile sur un an et demi de tractations secrètes est levé pour les troupes le lendemain par le général de Gaulle lui-même : « Vous participerez avant la fin de l'été à la bataille de France ! »

## Churchill en dépanneur de luxe

Les dernières retouches sont apportées en urgence. Pour remplacer le 7e chasseurs d'Afrique, le 2e dragons avait été un temps envisagé, mais la fureur de Leclerc découvrant ses véhicules hors d'usage y a fait renoncer. Dans l'urgence, de Gaulle se rabat donc sur le régiment blindé de fusiliers marins (RBFM) qui permettrait à la marine, restée largement fidèle au Maréchal, de laisser une autre trace dans l'histoire que le drame de Mers el-Kébir. Malgré sa grande ouverture d'esprit, Leclerc accuse le coup. Ce n'est plus l'heure de faire le difficile, mais le 14 avril il ne cache rien de ses sentiments à la troupe du capitaine de frégate Maggiar : « Vous êtes fiers d'être marins et vous vous glorifiez probablement d'être affectés à la 2e DB. Je ne voulais pas de vous. Je vous ai acceptés parce que le général de Gaulle vous a imposés à moi. » Et pour que les « fusco » ne l'oublient pas, il leur interdit de porter la fourragère rouge tant qu'ils ne se seront pas distingués sur le champ de bataille et leur impose en revanche, comme à toutes les autres unités, le port sur leurs véhicules de la croix de Lorraine.

Une division « gaulliste » à tous les sens du terme : le propre fils du général de Gaulle, Philippe, est enseigne de vaisseau au RBFM.

Depuis le 10 avril, la flotte alliée a commencé le transfert de la division en Angleterre. Pour ceux qui avaient rallié Londres en 1940, les jours de navigation du trajet retour paraissent un éclair au regard des quatre années de l'aller. Ils sont certes très rares au sein de la 2e DB et se recrutent essentiellement parmi les jeunes des premières promotions d'officiers formées sur l'île. Mais Leclerc en fait partie, et le voyage est pour lui encore plus rapide puisque, le 17 avril, il quitte le Maroc en avion avec une partie de son état-major. Avec lui également, de nouvelles contrariétés alarmantes. Il est évident en effet que les généraux américains tenteront tout pour empêcher la participation des Français au débarquement. Ainsi, le 2 avril, ils ont subitement découvert qu'il manquerait à la 2e DB rien de moins que quelques centaines de véhicules, et qu'il serait donc impossible de l'engager en Europe à court terme. Heureusement, Churchill continue de veiller et sollicite la mansuétude d'Eisenhower en évoquant le précédent fâcheux d'Anzio, où des milliers d'engins se sont échoués sur les plages. Le commandant suprême obtempère et l'US Army comble les manques français.

L'équipement n'est pas la seule source de tourment pour les Alliés. Une fois sur les quais gallois de Swansea, les véhicules français couvrent en effet près de 400 km vers le nord de l'Angleterre pour rejoindre le campement de l'East Riding, à l'est de Leeds. Le War Office alerte alors sur le « grave danger de contamination de la population civile en installant des troupes africaines et coloniales dans ce qui est le bassin de captation de plusieurs grandes villes ». Le projet est même étudié de les déplacer plus au nord encore, ou au contraire très au sud.

L'attitude des autorités détonne en tout cas par rapport à l'accueil émouvant des citoyens britanniques, qui font fleurir les drapeaux tricolores à leurs fenêtres. Leclerc peut en témoigner, qui, à partir du 16 mai, loge à Dalton Hall, un magnifique manoir georgien. La famille Hotham en est propriétaire depuis trois siècles – et cumule presque autant d'années de batailles contre la France. Mais le général ne pourra que se réjouir de son hospitalité. L'Angleterre est aussi l'occasion pour lui de découvrir sa hiérarchie ; Patton et Eisenhower en offrent l'échantillon le plus varié possible puisque, si le premier est tout en excès, dans sa tenue comme dans son verbe, le second lui paraît « très simple, direct, donnant une impression de grand équilibre, d'énergie, ainsi que d'une santé et d'une vigueur physiques parfaites ». Les deux hommes sont aussi aux antipodes sur le plan militaire. Patton partage la même vivacité que Leclerc, celle du cavalier passé par Saumur. Il tente, s'adapte, rectifie, quand Ike mise tout sur la préparation et le respect des plans. Mais finalement, comme les deux Américains s'entendent étonnamment, le Français peut espérer un savant dosage entre la passion et la raison ! De son côté, en tout cas, l'Angleterre ne change rien à sa méthode. Pour maintenir l'effort de

À Dalton Hall, remise des insignes de la 2e DB par le général.

cohésion, la division campe en groupements tactiques, obligeant les unités d'origines différentes à vivre ensemble. Leclerc lui-même y contribue en conviant leurs chefs à dîner, même si l'art de la conversation n'est pas vraiment son fort. Chaque jour lui confirme l'absolue nécessité de rester vigilant. Les régiments de chars continuent en effet à s'affronter à coups d'injures très fleuries qui doivent absolument cesser avant les combats. Quand il s'agit de subordonnés, Leclerc se place au-dessus de la mêlée, renvoyant dos à dos les uns et les autres. En revanche, il bouleverse le commandement, car de lui vient toujours l'exemple. Au 12e chasseurs d'Afrique, le colonel de Langlade, qui commande déjà le GTL, cède la place à son adjoint, le lieutenant-colonel Pierre Minjonnet, issu du rang, surnommé le « père Mégot » en raison de la cigarette qu'il a toujours collée aux lèvres. Au 12e cuirassiers, le commandant Noiret succède au lieutenant-colonel Warabiot, qui s'en va prendre le commandement du 501e régiment de chars.

La valse des cinq ficelles est très commentée au sein de la 2e DB. Les anciens de l'armée d'Afrique jugent aventureux de mettre à la tête du « 12 » deux hommes qui n'ont aucune expérience comme chef de corps. Pour leur part, les gaullistes pur sucre s'emportent contre l'arrivée à la tête de l'un de leurs bastions, le 501e, d'un officier qui n'a jamais fait partie des leurs. Les quatre commandants de compagnie vont jusqu'à protester auprès de Leclerc lui-même, qui se contente de les chapitrer – la marque de la France libre, car en d'autres temps il les aurait sans doute tous congédiés. Il est vrai que le général est beaucoup plus préoccupé par l'un de ses commandants de groupement tactique, le colonel Malaguti, qui lui non plus n'accepte pas les nouvelles nominations et en profite pour postuler au commandement en second de la division, au nom de son expérience dans les blindés et de ses états de service. Dans un premier temps, Leclerc joue la temporisation, espérant que le différend disparaîtra à l'aube de la bataille. Mais comme Malaguti s'obstine, il finit par se séparer de lui en juillet, et même par lui interdire du jour au lendemain tout séjour à la 2e DB. Ce n'est que sous la pression amicale du général Kœnig qu'il accepte que le colonel revienne boucler son paquetage. Mais l'affaire franchit encore un palier lorsque Malaguti met directement en garde de Gaulle contre « l'inexpérience du commandant de la division et de son état-major en ce qui concerne la guerre des blindés, inexpérience qui peut être coûteuse [...] ». Leclerc riposte de manière cinglante : « Si le général de Gaulle désire, au moment où la bataille s'engage, me retirer le commandement de cette division que j'ai formée à la force du poignet et qui est maintenant un magnifique outil, j'exécuterai ses ordres. Quant à employer de nouveau Malaguti sous mes ordres directs, ceci, je ne le ferai à aucun prix. La loyauté et la confiance à un pareil échelon ne souffrent pas de réserve. » Leclerc obtient gain de cause : Malaguti quitte définitivement la 2e DB. Le GTM revient au lieutenant-colonel Warabiot, devenant ainsi le GTV.

## Tout vient à point pour qui sait depuis longtemps attendre

Les conflits de personnes tombent mal ; Leclerc doit en effet relever un défi majeur à la dernière minute. Venu en inspection, Patton se montre mécontent des performances au tir de la 2e DB, qui voit son engagement en France compromis. Le constat est fondé, ces mauvais résultats étant la conséquence de la construction alambiquée de la division qui n'a donc pas eu le temps de s'entraîner correctement. Mais il est

Avant le transfert en Normandie, le général Patton inspecte la 2e DB en Angleterre.

récupéré comme un prétexte par les planificateurs américains pour se rattraper de ce que Churchill est parvenu à leur imposer. En conséquence, le gouvernement de Sa Majesté, qui, lui, ne mégote pas sur l'importance stratégique de la participation des Français à *Overlord*, émet le 16 mai les pires prédictions : avec de la bonne volonté de la part de l'US Army, la 2e DB aurait pu être engagée dans le mois suivant le *D-Day* ; au lieu de cela, elle devra attendre au mieux le deuxième, et plus vraisemblablement le troisième, soit en août.

C'est donc depuis le Yorkshire que les Français suivent le débarquement en Normandie. Leclerc se retrouve comme au Tchad à attendre un feu vert qui ne vient pas. L'impatience l'emporte rapidement puisque, dès le 10 juin, le voici réclamant en vain de repasser sous le commandement de Montgomery. Et, comme en 1942, il part à la recherche de coupables et s'emporte contre de Gaulle qui ne serait pas assez entreprenant. Quoi, le corps expéditionnaire du général Juin est le fer de lance des Alliés en Italie, et lui devrait rester l'arme au pied ? Le président depuis huit jours du gouvernement provisoire de la République française (GPRF) le reçoit le 11 juin avec la bienveillance du maître pour son disciple le meilleur, mais le plus turbulent aussi. La magie de juin 1940 opère toujours. La lecture des événements par de Gaulle, la démonstration en voie d'achèvement du fait qu'il a eu raison seul contre tous épatent Leclerc, mais ne le rassurent pas totalement. « Ne va-t-on pas nous utiliser dans les derniers ? s'inquiète-t-il auprès de son aide de camp. Pourquoi ne parle-t-on pas encore de notre emploi ? »

Exactement au même moment, la 2e DB repasse les tests de l'armée américaine, qui cette fois valide sa pleine opérabilité. Le 28 juin, elle efface les mauvais souvenirs de Patton en battant tous les records au tir. Plus rien ne semble donc s'opposer à son alignement en France – sauf peut-être la dureté des combats. Car le GPRF n'a qu'une balle dans son barillet. Que la 2e DB s'épuise dans des affrontements sanglants en Normandie et elle aura le souffle coupé pour gagner Paris, le seul enjeu qui vaille pour des Français dont les Alliés pourraient à vrai dire se priver dans la bataille. L'annonce du transfert sur le vieux continent le

16 juillet seulement ne déplaît donc pas forcément en haut lieu. Au sein de la 2e DB, en revanche, l'euphorie l'emporte assurément. Dominant à peine son émotion, Leclerc redouble d'énergie pour veiller aux ultimes réglages. Il veut une division irréprochable pour le retour en France, débarrassée de ses conflits internes, unie derrière le général de Gaulle, car, quels que soient les reproches qui lui sont faits, celui-ci a incarné la liberté du pays ces quatre dernières années. Un seul but, la victoire, aime à répéter son ancien mentor, le général Giraud. Lui pourrait compléter : une seule victoire, la France !

# 7

# L'ANTICHAMBRE NORMANDE

La 2e DB est en France avant même d'avoir embarqué : porteur de l'insigne numéro un de la division, le capitaine Daniel Divry, fondateur de la 1re compagnie de chars, a en effet traversé le Channel en précurseur – un honneur autant qu'une disgrâce pour ce pionnier de la France libre qui a été de tous les combats depuis Narvik, mais dont le courroux anti-12e chasseurs contrevenait trop à l'obligation de réconciliation. Les Français, prévient-il par télégramme, ont besoin « d'un peu d'air pur, de beaucoup de jeunesse et de pas mal d'enthousiasme ». Leclerc est donc leur homme. Mais au matin du 30 juillet 1944, tout juste après que les roues de la caravane qui lui sert de PC depuis le Maroc ont quitté le quai anglais, il s'endort, épuisé par plus de trois mois de purgatoire. « Enfin voici l'heure tant attendue, a-t-il écrit à sa division : nous voulons d'abord battre le Boche, l'ennemi maudit. Cette fois, nous avons des armes et nous nous en servirons. Nous voulons ensuite retrouver les bons Français qui mènent depuis quatre ans dans le pays la lutte que

Le général et le capitaine Divry, insigne numéro un de la 2e DB.

nous menions dehors. Salut à ceux qui ont déjà repris les armes. Oui, nous constituons bien la même armée, l'armée de la libération. [...] Debout Français, aidez-nous, aidez nos alliés à abréger cette bataille livrée pour sa libération, sur le sol de la Patrie. »

## L'art français des querelles inopportunes

Au soir du 31 juillet, Utah Beach est à l'horizon. Le lendemain, c'est au milieu des épaves qu'une vedette permet à Leclerc et quelques-uns de ses officiers d'accomplir le dernier saut vers le rivage. « Ça fait une drôle d'impression ! », lâche seulement le général une fois à terre. Même les retrouvailles avec la mère patrie ne parviendront pas à le distraire de son but. Leclerc est le moine d'une religion qui s'appelle la France, et la cérémonie préparée à son arrivée lui est insupportable au plus haut point. Que les photographes capturent sa poignée de main avec le général Walker venu l'accueillir et qu'ils le laissent ensuite retrouver les siens, au village de Vesly, premier PC de la division ! Dans l'après-midi, il est reçu par Patton, qui se gargarise de la réussite magistrale de sa ruée vers Avranches. Des centaines de milliers d'Allemands sont sur le point d'être piégés dans la poche de Falaise, que les Français et les Canadiens sont invités à refermer dans un mouvement convergent : partant du Mans vers le nord, les premiers, intégrés dans un corps d'armée américain, doivent tendre la main aux seconds qui, eux, appartenant au 21e groupe d'armées de Montgomery, descendront vers le sud depuis Caen. Selon les plans, la priorité sera ensuite le nettoyage de la Bretagne. Même si Patton lui confie se sentir plus tenté par l'Est, Leclerc ne cache pas que sa préoccupation première va à la capitale. « Plus tard, plus tard ! riposte l'Américain. On verra quand Paris sera en vue. »

Le commandant de la 3e armée ne comprend sans doute pas que Leclerc n'a jamais eu en vue que Paris, en fait depuis qu'il a rallié Londres. De Gaulle ne s'est pas battu pour voir la seule division française affectée à la libération de la Bretagne, voire nulle part... Et encore un ultime rebondissement a-t-il eu lieu, alors même qu'elle venait de larguer les amarres. Pourtant l'un des généraux américains les plus

Le général Walker accueille le commandant de la 2e DB à son débarquement sur Utah Beach.

convaincus de la nécessité de la présence d'une unité française à ce moment-là du conflit, Eisenhower, s'est soudainement effrayé de l'insuffisance des renforts sur lesquels Leclerc pourrait compter, au point d'informer les Britanniques de l'impossibilité d'aligner la 2e DB au front. A-t-il été rattrapé par le scepticisme général de ses compatriotes ? L'ordre de bataille français est connu depuis des semaines ; que ne s'en est-il inquiété plus tôt ?

Le 6 août, en tout cas, les Français font bel et bien route vers Avranches, afin de prendre position au sud-est de la poche. Leur baptême du feu est redoutable. En effet, près de Saint-James, un raid de la Luftwaffe tue en quelques minutes vingt des leurs et en blesse deux cents. Le bilan est le plus lourd de ces quatre dernières années, et il est d'autant plus rude à supporter qu'il était quasiment imparable. Les premiers prisonniers allemands enregistrés le lendemain apportent un peu de baume au cœur, mais seul le combat sera à même de rétablir l'équilibre.

Quatre jours sont nécessaires à la division pour gagner sa base de départ, en contournant les lignes ennemies. Ils sont suffisants pour offrir à Leclerc une nouvelle raison de s'emporter. En évinçant Malaguti, il pensait en effet avoir écarté toute candidature extérieure à la division au poste de commandant en second. Or voici que l'état-major de Londres lui impose Pierre Billotte, farouche combattant de la campagne de France en 1940, mais sans guère d'expérience des chars. Leclerc n'est pas dupe ; depuis son évasion d'un *Oflag* en 1941, le colonel n'a pas quitté l'état-major de De Gaulle, qui avance au commandant de la 2e DB des « raisons d'intérêt général en dehors de toutes les autres » pour expliquer son choix. Leclerc traduit : puisque sa division est « politique », Londres veut y disposer d'un outil de contrôle. Billotte, qui n'a jamais commandé qu'à une compagnie, se retrouve donc propulsé à la tête d'un des trois plus importants groupements tactiques de la 2e DB, le GTV, dont le chef retourne au 501e régiment de chars.

Pour un général qui réfléchit au moindre détail, ce changement inopiné a de quoi perturber. Il survient de surcroît dans cette atmosphère étrange de retrouvailles avec la France pas encore totalement assumées par Leclerc avec la France. Déjà, en Normandie, il a pu retrouver un membre de sa famille, François de Hauteclocque, un cousin germain qui s'est distingué contre l'occupant et contre Vichy. Son fils Wallerand a rejoint la DB. Mais quand le détour par Laval le fait passer tout près de la propriété de sa sœur Yvonne, dont il est si proche, le général ne s'accorde pas de pause. « J'essaie de poursuivre les Boches tellement vite, lui écrit-il, que je n'ai pas le temps de passer à Champiré. » De fait, le

La 2e DB, à peine débarquée en Normandie.

8 août, il a appris l'intégration de sa division au 15e corps d'armée américain de Wade Haislip. Il ne pouvait sans doute espérer mieux : le général, de treize ans son aîné, est diplômé de l'École de guerre française et était de cette armée américaine pleine de bravoure venue se faire tuer dans le saillant de Saint-Mihiel lors de la Grande Guerre. D'emblée, « Ham » comprend comment obtenir de Leclerc le meilleur : lui fixer un objectif, mais pas la manière d'y parvenir.

## Débuts calamiteux

Le matin du 9 août, la 2e DB s'arrête enfin de rouler. Conformément à ce qu'avait laissé entendre Patton, elle a pour mission de foncer vers le nord pour enfermer l'ennemi dans la poche de Falaise, de concert avec le corps d'armée canadien. Une dernière journée de préparation et c'est enfin la reprise d'une bataille que la division aurait aimé ne jamais voir s'interrompre en 1940. Leclerc est conscient de l'inexpérience de la plupart de ses troupes et de la nécessité d'un temps d'adaptation pour celles qui se sont aguerries en Afrique. Or, en face, la 9e *Panzerdivision* a un palmarès intimidant : campagnes de France en 1940, de Yougoslavie, de Grèce et de Russie en 1941, bataille de Koursk en 1943. Même si son effectif a forcément subi bien des renouvellements, c'est une unité parfaitement rodée aux combats de chars.

Dès le premier élan, Leclerc disparaît donc de son QG pour se porter partout et vérifier que ses consignes sont bien respectées. Or, ce n'est pas le cas. En raison du paysage découpé par les haies du bocage normand, les groupements Dio et Langlade abordent les localités par la route. Les blindés forment ainsi de longues processions dont l'ennemi n'a aucune peine à harceler les flancs. Le bilan est très lourd : pour seulement 25 km conquis, vingt-trois morts et quatorze chars hors service – sans compter la zizanie créée au sein de la division par des chefs de groupement n'avertissant pas le PC de leurs choix tactiques. Le général paraît abattu. Tant d'énergie dépensée à former, instruire, motiver ! Toujours aussi dur avec lui-même, il pense avoir échoué, oubliant sous le coup de l'émotion qu'il ne s'agit au fond que du tout premier engagement. Mais, si déçu

Photo très appréciée par tous les anciens de la 2e DB, montrant Leclerc tel qu'il était, proche de ses hommes.

soit-il, il n'abandonne pas. Au contraire, l'échec le galvanise. Comme il l'avait confié au carme Thierry d'Argenlieu avant le départ d'Angleterre, sa foi en la Providence est inébranlable : « Elle ne m'a jamais abandonné et ne m'abandonnera pas demain. »

Tout se doit donc d'être corrigé dans la nuit même. Guillebon et Repiton-Préneuf sont envoyés inciter Dio et Langlade à bouleverser leurs modes opératoires. Pour sa part, sans quasiment avoir dormi, le général saute à l'aube à bord d'une Jeep pour empêcher la torpeur de s'installer. Sa ferveur peut parfois le faire paraître sous un jour très dur. « Vous ne pensez qu'à enterrer vos morts ! », lance-t-il ainsi à un officier

La 1re compagnie du 501e régiment de chars de combat, vétéran de la France libre, retrouve la France.

lui semblant manquer d'allant. Comme en Libye, il houspille les troupes tardant trop à entrer dans des localités qu'il juge à leur portée. À Chérancé, où a été tué le capitaine de Laitre la veille, le capitaine de Boissieu le rattrape *in extremis* lorsqu'il se met en tête de vérifier par lui-même l'information selon laquelle les Allemands auraient déguerpi. Mais dans l'après-midi, 7 km plus au nord, il est bien aux côtés des spahis marocains qui investissent Bourg-le-Roi, puis en soirée, encore 4 km plus loin, il colle avec son char *Tailly* à l'avant-garde du sous-groupement Rouvillois qui libère Champfleur.

## Le génie de l'évidence

Leclerc n'est pas totalement à part. À la tête de l'autre division française libre, la 1re DFL, Diego Brosset se comporte exactement de même, lui qui a rendu fou en Italie son chef d'état-major, Bernard Saint-Hillier, en disparaissant des écrans et des ondes dès le franchissement du Garigliano. C'est la marque *Free French*, des généraux napoléoniens qui arrachent leurs étoiles au front et qui même, tel Leclerc, refusent ensuite de les arborer. Si l'effet est évidemment très galvanisant pour les hommes, il est plus délicat pour les officiers qui voient leur liberté d'action constamment rognée. Et gare à ceux qui s'avisent de conseiller plus de prudence au commandant de la 2e DB. « Ne m'emmerde pas ! », a-t-il ainsi renvoyé à Rouvillois qui le voyait trop s'exposer à Champfleur.

Au soir du 11 août, Alençon n'est plus qu'à 8 km. Espérant y pénétrer au plus tôt, le général donne pour instruction de ne pas s'arrêter malgré la nuit. L'ennemi croit peut-être lui rendre la monnaie de sa pièce en bombardant son PC au mortier. En réalité, Leclerc le vit comme un coup de fouet. Tiré du lit par le tintamarre, il bondit à son état-major pour avoir immédiatement connaissance de l'état de la progression. Comme il apprend une heure plus tard que les éléments de tête ont reporté à l'aube l'entrée dans Alençon, il tonne : « Encore un chez qui la soumission aveugle aux ordres ne laisse aucune place à l'initiative ! » Le voici ordonnant d'être conduit auprès des chefs d'unité, les colonels

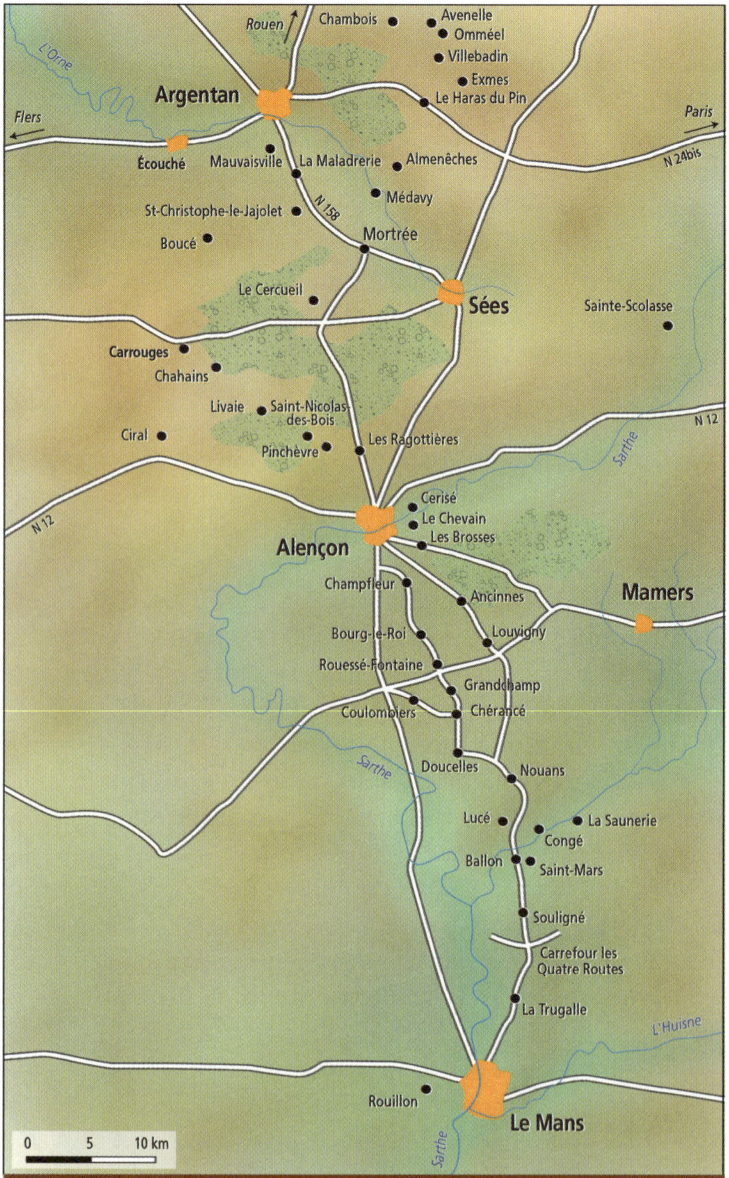


Normandie, août 1944.

Noiret et Rouvillois, qui le voient surgir à l'improviste, ce qui est souvent annonciateur d'un sacré savon. De fait, à peine le pied à terre, Leclerc jette au panier le plan d'attaque prévu. Les ponts sur la Sarthe doivent impérativement être pris. Tout de suite. Que les hommes soient immédiatement réveillés, et tant pis s'ils sont sur les rotules ! Très réactif, le capitaine Gaudet mobilise son détachement en quelques minutes et s'en va prendre possession du Pont-Neuf, dans le centre d'Alençon. Tel saint Thomas, Leclerc n'accepte de rentrer à son PC qu'après l'avoir lui-même vérifié. Le danger est cependant encore très présent ; sur la route du retour, le convoi du général se retrouve face à face avec un véhicule. Quand il apparaît que les occupants sont allemands, comme dans un duel à Tombstone Guillebon dégaine le premier : deux hommes sont tués, le troisième capturé.

Dans une ville de Normandie dévastée, un équipage du 501e RCC au contact de la population malgré tout heureuse de l'accueillir.

Le coup de sang du général aura permis de subtiliser *in extremis* Alençon à l'infanterie allemande qui se présente au petit matin en périphérie. Mais même cette première libération d'une grande ville ne parvient pas à le combler. Il y a toujours un grain de sable pour braquer son attention et lui faire oublier tout ce qui a bien fonctionné. Alors qu'il sirote le thé de la victoire sur le pont d'Alençon, il apprend ainsi que les Américains lui demandent d'évacuer, 5 km à l'est, la forêt de Perseigne, afin d'y procéder à des bombardements aériens contre la 9e *Panzerdivision* qui s'y terrerait. Lui sait que c'est faux, puisque, dans l'une des voitures capturées lors du duel nocturne, des ordres de l'unité ont été saisis, dont celui de l'évacuation de la forêt. La mesure américaine retarderait donc inutilement la course vers Falaise, dans laquelle la 2e DB a une très nette longueur d'avance sur les Canadiens. Leclerc n'a aucunement l'intention d'obéir, mais il lui est rapporté que le colonel Gribius, patron de son 3e Bureau, a pris sur lui de faire opérer le repli. Langlade décrira dans ses Mémoires un Leclerc succombant alors à une « fureur intérieure ». Celle-ci est pourtant très extériorisée puisque le général passe toute sa rage sur sa canne légendaire, dont il martèle le bitume. Par chance, un des subordonnés de Gribius, le capitaine Chambon, a lui aussi fait preuve d'initiative, mais cette fois dans le sens inverse, en faisant surseoir aux raids aériens. La colère retombe donc aussitôt. La cause en est peut-être aussi l'acceptation par Leclerc de sa propre responsabilité : à force de disparaître en première ligne, il perd tout lien avec son PC, qui est bien obligé de composer en son absence. Désormais, une radio le suivra en permanence, soit exactement ce que le lieutenant-colonel Saint-Hillier a obtenu de son chef Diego Brosset en Italie.

Perseigne, enfin, n'a été qu'une répétition sans frais. Après Alençon, la 2e DB vise en effet Argentan, à une quarantaine de kilomètres plus au nord. Or, en chemin, s'étend la forêt d'Écouves qui, elle, comme un résistant vient le confirmer au général, abrite bien deux divisions de panzers. L'incident oblige cependant à rectifier le plan. Le GTL ayant été retardé, c'est le GTV de Billotte qui est chargé de contourner la forêt

Le 12 août 1944, le général sur le pont d'Alençon.

par l'ouest, et tant pis si le général Haislip a attribué le secteur aux voisins américains : Leclerc estime avoir la priorité puisqu'ils sont en retard par rapport à lui. Le GTV ira à Écouché tendre la main au GTD, qui fera le tour par l'est. Le rôle du rabatteur échoit au « Roum », le lieutenant-colonel Nicolas Roumiantzoff, qui percutera au centre avec ses automitrailleuses, le GTL lui apportant son soutien lorsqu'il en aura enfin terminé avec la forêt de Perseigne. Le plan de Leclerc est comme d'habitude ambitieux, très inspiré d'une partie de chasse, mais il déclenche l'ire des Américains dont la 5e division blindée, n'ayant pas été prévenue, se retrouve mêlée dans le village de Sées, au nord-est d'Écouves, aux blindés de Billotte ! Le patron du 15e corps d'armée, le général Haislip, pourtant très compréhensif à l'égard de ces turbulents *Frenchies*, en perd ses nerfs. Après guerre, il avouera que « Leclerc l'a rendu tellement fou qu'il aurait pu le tuer ».

Vue aérienne d'Écouché.

Le commandant de la 2e DB est tels ces génies des arts qui, passée la première réaction de rejet, ne s'attirent plus que des éloges. La manœuvre d'Écouves se révèle de fait un modèle du genre, qui voit les GTV et GTD encercler comme prévu la forêt et prêter la main au sous-groupement Roumiantzoff, ainsi qu'au GTL, afin d'en terminer le nettoyage dès le soir du 12 août. Comme pour signer son œuvre, Leclerc vient même s'y reposer pour la nuit, qui est la bienvenue pour toute la division.

## Le génie est souvent incompris

Le lendemain, Leclerc lance Roumiantzoff sur Argentan, avant bien entendu de le rejoindre personnellement en première ligne, malgré la résistance féroce des Allemands, le désarroi de son état-major et les angoisses de sa protection rapprochée. Côté allié, les sentiments sont partagés. Le général Leonard Gerow, patron du 5e corps d'armée américain, un des héros d'Omaha Beach, n'en peut plus : les Français ont encore piétiné son secteur ! Il le fait savoir à Leclerc, qui s'en moque : « Dites à Langlade, confie-t-il au capitaine Arnaud qui sert de messager, que si cet Américain est un con, ce n'est pas une raison nécessaire pour qu'il en soit un aussi ! » Au niveau supérieur, toutefois, la tonalité est tout autre. Patton exulte de voir Argentan investie aussi tôt, et saisit l'occasion au vol pour demander à son propre supérieur, le général Bradley, commandant le 12e groupe d'armées, d'en profiter pour bondir sur Falaise, distante d'une trentaine de kilomètres. Mais, en retour, le QG de la 2e DB reçoit pour ordre express : *« Do not, repeat, do not advance beyond Argentan. »* C'est le coup d'arrêt ; pis encore, la division doit impérativement reculer derrière l'Orne.

Patton et Leclerc sont à l'unisson pour maudire le commandement qui les a empêchés de fermer la poche de Falaise, autorisant des milliers d'Allemands à fuir. Pour eux, le fautif s'appelle Montgomery, dont le mobile serait la jalousie, puisque les Canadiens sont beaucoup plus éloignés qu'eux de Falaise. Ils n'ont pas entièrement tort. C'est parce qu'il a été emporté par son élan et qu'il a débouché dans le secteur attribué aux Britanniques que le 15e corps d'armée américain est arrêté ; toutefois, l'auteur de la décision n'est pas Monty, mais Bradley, qui s'inquiète de surcroît du retard pris par son autre corps d'armée, le 5e. Les renseignements ont ainsi fait savoir que l'ennemi s'apprêterait à contre-attaquer sur les flancs de Haislip.

Leclerc marque son désaccord en installant sa caravane juste à la limite admissible, à Fleuré, ce qui lui vaudra cinq jours plus tard d'être à nouveau la cible de l'artillerie ennemie. Patton, lui, en est déjà au coup suivant. En accord avec Bradley, et non sans l'idée de prendre une revanche sur Montgomery, il fait roquer son armée vers l'ouest avec Dreux-Chartres-Orléans pour ligne d'arrivée. Mauvaise nouvelle pour Leclerc : la 2e DB fait partie des trois divisions qui doivent rester dans les *starting-blocks*. Le général en est sûr, Paris va lui échapper. L'immobilisme auquel il est contraint lui est d'autant plus insupportable que le 15 août l'armée de Lattre entame la libération du sud de la France. Le même jour, il supplie donc presque Patton de revenir sur sa décision : « Nous sommes prêts à faire tout ce que vous nous demanderez, mais voir d'autres camarades entrer à notre place dans notre capitale serait pour mes officiers et mes hommes une telle déception que vous ne pouvez nous l'imposer. Nous ne demandons d'ailleurs et ne voulons y rentrer que vingt-quatre heures, car avant et après nous voulons continuer à nous battre sous vos ordres. Si cet honneur nous était refusé, je vous demanderais à être relevé de mon commandement. » Après de Gaulle, Patton a donc l'honneur d'être le deuxième à subir la menace d'une démission du Français. Il admire le cran de l'homme mais, bien qu'orfèvre en la matière, il mugit devant l'insubordination de l'officier. « Cessez de vous comporter comme un enfant, général ! sermonne-t-il Leclerc qui est venu lui-même chercher la réponse à sa lettre. Je n'accepte pas que des commandants de division me disent où ils veulent combattre. Et puis, de toute façon, je vous ai laissé dans le secteur le plus dangereux. » Avec Bradley à ses côtés, Patton délivre enfin la seule information que Leclerc est venu chercher : Paris sera libéré par la 2e DB.

Retournant à son PC, le général n'est pas totalement soulagé. Tant qu'il n'aura pas une date ferme, il sent bien qu'un retournement de situation est toujours possible. S'il considère à raison Haislip acquis à sa cause, il sait Patton capable de tout pour son prestige et Bradley plutôt circonspect à l'égard de la 2e DB en particulier, des Français en général. Or le patron du 12e groupe d'armées a l'oreille d'Eisenhower qui, certes, a promis Paris à de Gaulle, mais sans dire quand… Le caractère du commandant suprême, son style de commandement ne le portent pas vraiment à faire montre d'initiative. Offrir la capitale dès maintenant aux Français, ce serait tout d'abord prendre le risque d'une bataille de rues acharnée, puis, une fois la ville conquise, d'une surcharge logistique pour nourrir les Parisiens, enfin d'un coup de main formidable donné à la légitimité de De Gaulle. Autant dire que Leclerc ne doit pas s'attendre à recevoir le feu vert dans un bref délai ! Ses craintes redoublent lorsqu'il suit la progression fulgurante de Patton. Dès le 16 août, Dreux et Chartres sont libérées. Paris n'est qu'à 90 km. Or, que lui annonce en soirée le général Gaffey, chef d'état-major de la 3e armée ? Que la 2e DB est retenue pour fermer enfin la poche de Falaise. Un combat d'arrière-garde, sans gloire, et vraisemblablement très coûteux car, face à ces derniers milliers d'Allemands qui vont s'armer de l'énergie du désespoir pour échapper à la capture, les Américains ne prévoient pas assez d'infanterie. En conséquence, Leclerc ose dire non. Gaffey s'indigne, c'est un ordre ! L'entêtement serait catastrophique des deux côtés. Les Français ne peuvent se passer de l'appui militaire des Américains, qui ont besoin de la caution gaulliste pour leurs opérations. Gaffey accepte donc la proposition de Leclerc de n'engager que le GTL à hauteur de Trun, soit à 10 km à l'est de Falaise. Et encore le commandant de la 2e DB confie-t-il discrètement au colonel de Langlade la mission de retenir au maximum ses troupes afin que, le moment venu, celles-ci puissent aisément basculer vers Paris.

# 8

# AVEC LE CONCOURS DES ARMÉES DE LA FRANCE

Un à deux jours, c'est le délai dans lequel le général imagine le 17 août rallier la capitale. Il ignore le changement décidé en même temps par les Américains : la 2e DB est transférée à la 1re armée aux ordres du général Courtney Hicks Hodges, un « biffin ». Leclerc ne pourra donc plus compter sur la fraternité de la cavalerie qui le liait à Patton, ni sur la francophilie de Haislip, auquel succède le rugueux Gerow, chef du 5e corps d'armée. Et, de fait, la libération de Paris passe à la trappe. Or, voilà deux jours que la ville s'est soulevée. Leclerc bouillonne, à en envisager de se donner lui-même l'autorisation de foncer sur la capitale. Assiégeant les Américains, il convainc presque Gerow, mais pas Hodges qui, le 20 août, dans un face-à-face dénué de toute chaleur[1], lui réitère l'ordre de « ne pas bouger ».

## En réserve de la gloire

Leclerc a tenté, mais il sait bien que seul de Gaulle est capable d'arracher pareille décision. Le même jour, le président du gouvernement provisoire atterrit en France. Imprégné du contraste entre « l'ardeur des âmes et les ravages subis par les biens », il obtient d'Eisenhower la confirmation de sa promesse pour Paris, mais sans concrétisation ; les plans continuent d'indiquer que Patton va traverser la Seine en ignorant la capitale. Or, aux mêmes heures, alors que le gouverneur von Choltitz plaide pour l'épargner, Hitler persiste : « Si nécessaire, le combat dans et autour de Paris sera mené sans égard pour la destruction de la ville. »

Les Français ne réalisent sans doute pas combien leurs préoccupations ne parlent guère à Eisenhower qui, en militaire encore éloigné des considérations politiques, ne retient que les conséquences sur sa manœuvre logistique. Le 21 août, de Gaulle revient à la charge pour souligner l'urgence d'une occupation de la capitale par « des forces françaises et alliées, même si cela devait occasionner des combats et des dommages à l'intérieur de la ville ». Pendant ce temps, Leclerc ne peut rester les bras croisés. Puisque ses propres tentatives auprès du commandement américain ont échoué, il franchit le pas et décide de son propre chef l'envoi d'un détachement blindé vers Paris.

1. Et quand bien même l'envoi de la 2e DB est pour lui aussi acquis.

De Gaulle en est le seul prévenu, auquel le général explique ne pas pouvoir envoyer toute sa division faute de carburant, mais aussi pour « ne pas violer ouvertement toutes les règles de la subordination militaire ». Le président du gouvernement provisoire démontre une nouvelle fois sa prescience. D'autres généraux de la France libre auraient probablement pu obtenir de la 2e DB les mêmes résultats depuis le débarquement ; mais il n'y avait qu'un Leclerc pour y conjuguer aux portes de Paris cette force de caractère providentielle. Aux yeux des Américains, la 2e DB n'est qu'une de leurs dizaines de divisions. Pourtant, Leclerc, en ce 21 août, parvient à en faire l'élément unique que retiendra l'histoire de France. À mission capitale, compagnon d'exception : le général choisit son fidèle Guillebon pour être le premier dans Paris, qu'il prenne le sillage d'Américains ou, mieux, qu'il opère seul, et le désigne gouverneur militaire par intérim.

En 1944, des unités peuvent encore se faufiler dans les théâtres d'opérations sans attirer l'attention. En un jour, la colonne Guillebon boucle ainsi les 200 km qui séparent Argentan d'Arpajon, petite ville de l'Essonne à 35 km au sud de Paris. Tout juste inquiétés la veille par une rumeur que l'état-major de Leclerc s'était empressé d'infirmer, les Américains n'apprennent le mouvement de la 2e DB que le 22 août. Le général Gerow lui ordonne aussitôt de faire demi-tour. Ce n'est pas à lui, pourtant son supérieur, que Leclerc va exposer son désaccord, mais directement au général Bradley. Un petit avion de liaison le dépose à son QG au début de l'après-midi, mais le commandant du 12e groupe d'armées est absent. Une réunion décisive se tient en effet chez Eisenhower : si le lendemain à midi, fin de la trêve, les Alliés ne sont pas dans Paris, la résistance intérieure sera balayée. Ike le militaire a donc enfin un motif non purement politique pour contrevenir à ses plans initiaux d'ignorer la capitale. Il explique à Bradley avoir pris la décision d'y lancer le 5e corps d'armée, que Marshall soit ou non de cet avis. Reste à déterminer qui, au sein des troupes de Gerow, Américains ou Français, sera retenu. Eisenhower évoque la visite que lui a rendue le 21 août le général Juin, devenu chef d'état-major de la défense nationale après la

Dans son PC de Fleuré, Leclerc attend le feu vert pour la capitale.

campagne d'Italie : « Donnez vous-même à la 2e DB l'ordre de marcher sur Paris, lui a conseillé ce dernier, car de toute façon… elle ira ! »

Malgré sa promesse à de Gaulle, le commandant suprême laisse tout de même la liberté à ses subordonnés. Mais Bradley, pour l'avoir expérimenté, connaît l'entêtement de Leclerc qui, de toute façon, désobéira si la mission ne lui revient pas. Plus tard, il expliquera aussi son choix par une volonté « d'aider les Français à reconquérir leur fierté après quatre ans d'occupation ». Revenu à son QG à 20 heures, il donne enfin Paris pour objectif à la 2e DB.

## La chance sourit aux audacieux

Leclerc se rue à son PC de Fleuré : « Mouvement immédiatement sur Paris ! » L'attente chez Bradley lui a opportunément permis de recueillir des informations très précieuses du commandant Cocteau-Gallois, que le colonel Rol-Tanguy, chef des FFI de la capitale, avait dépêché deux jours plus tôt pour inciter les Alliés à plus de célérité. Son état-major se met au

2ème DIVISION BLINDEE
ETAT-MAJOR
3ème BUREAU
P.C.A.

(4)

# ORDRE D'OPERATIONS

MISSION :- 1° S'emparer de Paris.
2° Tenir Paris en occupant les ponts entre Ivry sur Seine et Neuille sur Marne.
en poussant des elements dans la Banlieue Nord Est de Paris.
en maintenant un element reserve au Centre de Paris.

RENSEIGNEMENTS : L'ennemi dispose d'un certain nombre de points d'appui sans liaison les uns avec les autres. Ces points d'appui sont plus denses dans la region Sud Ouest de Paris.

DISPOSITIF : Mission principale : G.T.V. a/ Pousser sur l'axe Arpajon Sceaux - Paris ou se fera l'effort principal; en utilisant les petites routes et evitant les grands axes.
b/ Penetrer dans Paris en direction du Pantheon, puis franchir la Seine et sortir par la region Vincennes Charenton, et tenir les ponts de la Marne entre Ivry sur Seine (inclus) et Neuilly sur Marne (inclus).
c/s'eclairer initiallement a distance utile.
P.C. a fin de mission : Porte de Vincennes
Mission secondaire : G.T.L. de diversion
a/ Pousser sur l'axe Dampierre Chevreuse Chateaufort Toussus le Noble Les Loges Jouy en Josas Villacoublay Bois de Meudon Pont de Sevres.
b/ Tenir Sevres, et pousser Sous Groupement sur Versailles, et en direction de Paris.
c/ En fin d'operations et apres releve par elements reserves a Versailles, pousser l'ensemble de son Groupement au Centre de Paris (Place de la Concorde) en reserve mobile.
P.C. initiallement Pont de Sevres
ulterieurement Hotel Crillon Paris
G.T.D. a/ Mettre le 3° R.A.C. a la disposition du G.T.V.
b/ Progresser derriere G.T.V. pret soit a l'appuyer, soit a appuyer le G.T.L. en poussant un Sous Groupement en direction du Pont de Sevres.
c/ Nettoyer Centre de Paris.
d/ En cas de reussite immediate des differentes operations pousser des elements dans la region de Pantin. au Nord de Paris. P.C. : Mairie de Pantin.
Elements Morel Deville : Se maintenir a leurs emplacements actuels, et faire le maximum de volume pour simuler une attaque directe en direction de St Cyr. [illegible] aux ordres du Colonel Remy
F.T.A. : Les batteries suivront initiallement la progression des groupements auxquels ils sont affectes, prets a s'organiser en D.C.A. au Centre de Paris, des la chute de Paris.
Genie : Les elements reserves du Genie sous les ordres du Chef de Bon Ct le Genie Div resteront initiallement a Rambouillet, et se tiendront prets a deminer l'axe Rambouillet Versailles Paris en fin de journee sur nouvel ordre.
Ct Remy et elements reserves : Sous les ordres du Col Remy pousseront sur Versailles des sa liberation et deminage des axes, prets a recevoir toute mission de contre attaque.
Pousseront ulterieurement sur Paris ( Longchamp)

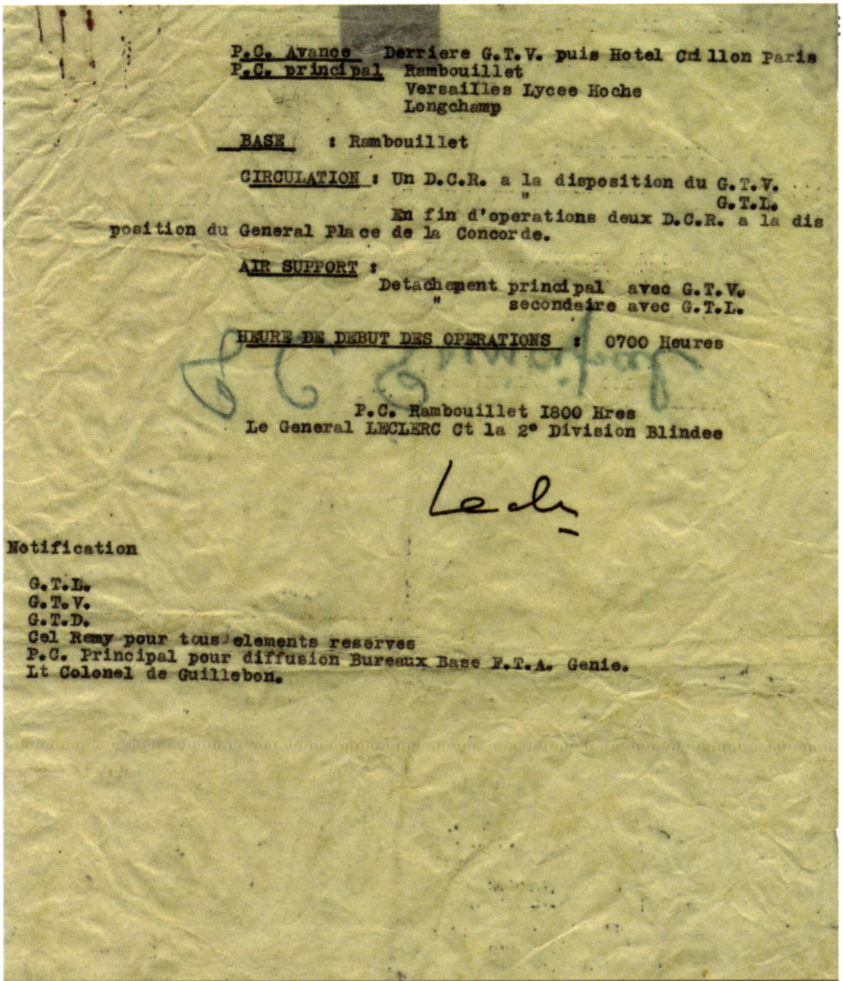

P.C. Avance   Derriere G.T.V. puis Hotel Cri llon Paris
P.C. principal   Rambouillet
Versailles Lycee Hoche
Longchamp

BASE : Rambouillet

CIRCULATION : Un D.C.R. a la disposition du G.T.V.
" G.T.L.
En fin d'operations deux D.C.R. a la disposition du General Place de la Concorde.

AIR SUPPORT :
Detachement principal avec G.T.V.
" secondaire avec G.T.L.

HEURE DE DEBUT DES OPERATIONS : 0700 Heures

P.C. Rambouillet 1800 Hres
Le General LECLERC Ct la 2e Division Blindee

Leclerc

Notification

G.T.L.
G.T.V.
G.T.D.
Cel Remy pour tous elements reserves
P.C. Principal pour diffusion Bureaux Base F.T.A. Genie.
Lt Colonel de Guillebon.

Ordre, d'une simplicité étonnante, donnant Paris pour objectif à la 2e DB.

travail, mais il n'a pas les coudées franches. C'est tout le 5e corps d'armée qui a reçu mission de rouler vers Paris ; Gerow entend bien que les Français se conforment à son idée de manœuvre avec les deux impératifs fixés par Eisenhower : attendre au minimum le lendemain midi pour investir Paris et ne pas s'y laisser entraîner dans des combats de forte intensité. Tard dans la nuit, il appelle donc Leclerc pour lui indiquer que la 2e DB prendra la tête de deux colonnes blindées qui, convergeant du sud-ouest et du sud, se rejoindront dans la capitale. Afin qu'aucune troupe n'y entre avant la fin de la trêve, il donne la ligne Versailles-Palaiseau pour limite maximale à 12 heures. Et, ayant lui aussi goûté de l'esprit d'indépendance des Français, il demande à son état-major de formaliser le tout dans des instructions ne pouvant prêter à aucune interprétation.

Leclerc commence par décaler l'heure du départ à 6 h 30, afin de permettre à sa division de combler le trou de 200 km la séparant d'une base de départ plus raisonnable. Atteignant Rambouillet dans la matinée du 23 août, il est informé des sévères difficultés rencontrées par Guillebon sur la route de Versailles. Pire, il le voit surgir à son PC en arguant que, n'ayant pas reçu de réponse au message où il avait annoncé son intention de persévérer malgré tout vers Paris, il a préféré rebrousser chemin... Pas vraiment le genre d'occasions manquées à même de calmer le général qui, en l'absence de troupes pour prendre le relais, est contraint de reporter au lendemain la poursuite des opérations. De Gaulle le rejoint en fin d'après-midi et, malgré la fin de la trêve à midi, n'y trouve rien à redire. « Vous avez de la chance ! », lance-t-il à Leclerc qui ne conçoit encore Paris que comme un nouvel objectif militaire après Libreville, Koufra, Ksar Rhilane et Argentan.

Au matin du 24 août, le GTL marche dans les pas de Guillebon au sud-ouest, le GTV file lui plein nord depuis Limours. « Tenez bon. Nous arrivons », indique un tract largué aux Parisiens par le Piper Cub du capitaine Callet et du lieutenant Mantoux. Le général von Choltitz a lui aussi droit à un message retrouvé sur le corps du lieutenant FFI Jacques Petit-Leroy, que le général Chaban, délégué militaire national, avait envoyé à la 2e DB pour hâter son arrivée : s'il détruit Paris, Leclerc menace de le traiter comme un criminel de guerre.

En fin de journée, le GTL franchit la Seine au pont de Sèvres. Son chef se voit déjà entrer dans Paris le premier, mais il est arrêté net. De fait, le soir du 23 août, Leclerc a décidé de lui enlever la priorité et de la donner à l'axe sud où œuvrent le GTV et le GTD. Probablement la malchance vécue par Guillebon le lui a-t-elle inspiré. Dans ses Mémoires, pour sa part, le général de Langlade privilégiera, non sans amertume, « des raisons politiques qui devaient être prépondérantes et [...] des raisons d'ordre sentimental ». Les commandants des deux autres groupements auraient-ils été récompensés pour leur engagement dès les premiers jours dans la France libre, quand Langlade n'a rallié qu'après le débarquement en Afrique du Nord ? Rien ne l'a jamais vraiment attesté, et ce serait de toute façon oublier que les trois groupements ont leur part de troupes d'origines FFL.

La 2e DB dans les faubourgs de Paris.

Une fois de plus, les Américains sont les plus désarçonnés par le changement de dernière minute, opéré sans concertation. Voilà désormais la 2e DB roulant dans le secteur attribué à la 4e division d'infanterie du général Barton, sans couverture possible de l'artillerie – et surtout là où la résistance allemande est estimée, avec raison, comme la plus acharnée. Toute la journée est scandée de violents accrochages, avec pour point de butée le carrefour de la Croix-de-Berny, qui bloque tous les assauts du GTV.

## « C'est lui, le général Leclerc ? »

Le constat est flagrant au soir du 24 août : Billotte est à sept kilomètres de Paris, Langlade à deux... Les Américains les renvoient dos à dos pour estimer qu'ils ont tous échoué. Comme Gerow lui rapporte indûment que la 2e DB se laisse retarder par la liesse populaire, Bradley n'hésite pas : il l'autorise à pousser sur Paris la 4e division d'infanterie, « sans prendre garde aux mouvements des troupes françaises ». Si Leclerc ne réagit pas vite, il va perdre la course. Or, il lui est impossible de contacter Langlade, à cause de communications calamiteuses, et Billotte se résigne à reporter au lendemain le prochain coup de boutoir sur la prison de Fresnes. En conséquence, il bondit en première ligne. Il en veut particulièrement au chef du GTV d'avoir transgressé ses ordres en empruntant les grands axes que, comme il le prévoyait, les Allemands contrôlaient solidement. Beaucoup de temps a été perdu ; et cela est d'autant plus rude à accepter de la part de Billotte qu'il n'en voulait pas à la division.

La sanction est remise à plus tard ; pour l'instant, Leclerc est en quête d'une solution rapide. Elle lui apparaît comme une évidence lorsqu'il croise le commandant Dronne, à la tête désormais de la « *Nueve* », la 9e compagnie du Tchad, composée à 90 % de républicains espagnols. Comme d'habitude, tout commence par une invective :

« Qu'est-ce que vous foutez là ? » lui demande-t-il.

Le vieux complice du Cameroun explique qu'il préférerait dépasser le carrefour de la Croix-de-Berny, qui tomberait comme un fruit mûr, mais que Billotte lui demande de s'obstiner.

« Il ne faut jamais exécuter les ordres idiots ! le reprend le général. Dronne, filez droit sur Paris ! Entrez dans Paris ! »

Jamais peut-être la capitale n'aura autant ressemblé au fort de Koufra. Peu importe que Dronne ne dispose que des sections d'infanterie du sous-lieutenant Michel Élias et de l'adjudant-chef Miguel Campos. Qu'il récupère ce qu'il peut en plus, qu'il passe par où il lui semble bon, mais qu'il y ait enfin sous peu des soldats français dans la capitale ! Le commandant n'a pas besoin d'en savoir plus. Renforcé des chars *Montmirail*, *Romilly* et *Champaubert* du lieutenant Michard, ainsi que de la section de sapeurs de l'adjudant-chef Cancel, il s'enfonce par les artères secondaires qui, en trois quarts d'heure, le conduisent porte d'Italie. De là, grâce aux indications d'un civil, Lorenian Dikran, il slalome entre les barrages ennemis jusqu'à la Seine, qu'il traverse au pont d'Austerlitz. À 21 h 22, le détachement prend ses postes de combat sur le parvis de

« Il ne faut jamais exécuter les ordres idiots ! Dronne, filez droit sur Paris ! Entrez dans Paris ! »

Place de la Concorde, un des vestiges des durs combats de la libération.

l'Hôtel de Ville. Dronne se fait alors l'ambassadeur de Leclerc et de De Gaulle en annonçant leur arrivée pour le lendemain. Mais que l'attente est pénible pour le premier, qui envisage un temps de lâcher la bride à toute la division, avant de se raviser avec la nuit et les fortes résistances allemandes ! À l'aube, les badauds s'amassent autour des véhicules frappés de la croix de Lorraine. « C'est lui, le général Leclerc ? », demande-t-on autour de la Jeep près de laquelle il se rase.

Parti de Paris en catimini quatre ans plus tôt, le général y revient en héros national. Mais il n'en tire aucune gloire, car des hommes continuent de mourir les grands jours de l'histoire. Le GTL à l'ouest, les GTV et GTD par le sud pénètrent dans la capitale encore solidement tenue en de multiples endroits. Pour atteindre la Concorde, leur point de ralliement, il leur faut livrer combat. Leclerc, lui, est accueilli par Chaban sur la place Denfert-Rochereau, avant de gagner la gare Montparnasse d'où il peut contacter chacun de ses groupements. L'issue ne fait guère de doute, mais les Allemands peuvent choisir le baroud d'honneur qui occasionnerait beaucoup de pertes inutiles.

Le PC du général, gare Montparnasse.

## La bataille des signatures

Peu avant 10 heures, Billotte adresse un ultimatum à von Choltitz. Quand Leclerc rejoint l'île de la Cité, trois heures plus tard, la réponse n'est toujours pas tombée. Toutes les nouvelles autorités de la ville, du préfet Luizet au colonel Rol-Tanguy, lui sont présentées. Derrière les félicitations d'usage, son impression, certainement très imprégnée du souvenir de la pétaudière d'Alger, est assez méprisante, et à vrai dire injuste au vu du parcours de certains, puisqu'il les décrira à de Gaulle « tremblants de peur devant n'importe quelle crapule ». Ce n'est donc pas le repas qui s'ensuit qui sera à même de détourner son esprit de l'unique événement qu'il attend avec impatience, la reddition des anciens occupants. Or, l'heure tourne, et toujours rien. L'hôtel Meurice ne saurait déroger à la règle. Puisqu'il ne plie pas, Leclerc décide de lui porter lui-même l'estocade, en chargeant son chef du 2e bureau, Repiton-Préneuf, de lui amener le gouverneur. Mais sitôt exprimé, son désir est exaucé : un convoi rallie la préfecture ; à son bord, le commandant Jean de La Horie, camarade de promotion du général à Saint-Cyr, et le général von Choltitz qu'il vient de faire prisonnier. Leclerc passe dans la salle de billard et murmure : « Maintenant, ça y est, nous avons gagné. » La solennité se lit dans la fermeté de son attitude. Il ne serre pas la main de l'Allemand et refuse, avant de l'accepter, la présence de Rol-Tanguy et de l'un des hauts responsables FFI, Maurice Kriegel-Valrimont. Puis, von Choltitz s'essayant à expliquer qu'il ne peut plus donner d'ordres puisqu'il est prisonnier, il le rabroue et lui arrache sa signature au bas de la convention de reddition.

C'était là l'essentiel pour Leclerc, qui voulait avant tout l'arrêt des combats. Il le démontre en accordant deux concessions qui vont avoir leur importance. Tout d'abord, il consent à faire porter sur la convention une mention précisant que le gouverneur allemand ne commande que le *Gross Paris*. Ensuite, il n'oppose pas un non catégorique à la suggestion de Kriegel-Valrimont de faire également signer le document

Le général von Choltitz signe la reddition de ses troupes.

par Rol-Tanguy, compte tenu de la participation de la Résistance aux combats de la libération ; il ne dit pas oui non plus. Une rencontre prévue avec de Gaulle lui permet en fait de repousser sa réponse. Le *scout-car* du général emporte tous les participants à la gare Montparnasse, où rendez-vous a été pris depuis Rambouillet. Von Choltitz y reprend la plume pour signer les ordres qui feront céder ses dernières troupes encore en lice. Leclerc doit alors se prononcer au sujet de la signature du colonel Rol-Tanguy. Comme délégué militaire national, Chaban incarne à ses yeux le gouvernement provisoire en ces lieux ; or lui se

À la gare Montparnasse, le général de Gaulle découvre la signature du colonel Rol au bas de la capitulation allemande.

Le colonel Henri Rol-Tanguy dans son PC souterrain de Denfert-Rochereau.

prononce en faveur de la proposition. Dès lors, pourquoi Leclerc y mettrait-il son veto ? Manifestement, il ignore à cet instant l'appartenance de Rol-Tanguy et de Kriegel-Valrimont au parti communiste, et ne voit en eux que les représentants d'une Résistance pleine de bravoure. Avec son autorisation, Guillebon rature donc l'exemplaire français du document en faisant précéder le nom du général par celui du « colonel Rol, commandant les FFI de l'Île-de-France ». Le premier à le découvrir est le général de Gaulle, qui fait son apparition dans la gare vers 17 heures. La sanction tombe sèchement : « La réclamation qui vous a conduit à admettre ce libellé procède d'une tendance inacceptable ! » Le président du gouvernement provisoire en rend Leclerc seul responsable, puisqu'il était le plus gradé. Mais le politique reprend aussitôt le dessus. Ne va-t-il pas lui-même déclamer dans quelques heures, à l'Hôtel de Ville, que Paris a été libéré « par son peuple avec le concours des armées de la France » et non l'inverse, qui serait pourtant plus adéquat sur le plan militaire ?

## « Ah ! C'est la mer ! »

Les jours suivants seront marqués par un jeu permanent d'équilibriste entre le politique et le militaire. D'un côté, la 2e DB reçoit mission du commandement américain de réduire les dernières résistances, avec le soutien de la 4e division du général Burton, dans et autour de Paris. De l'autre, de Gaulle la réquisitionne pour encadrer son défilé de la victoire prévu le lendemain, 26 août. Les généraux alliés en sont furieux, qui y voient la validation *a posteriori* de leurs projets originels de contourner Paris. Gerow surgit en trombe au QG de la 1re armée pour se faire confirmer que c'est bien lui le « patron à Paris » : « Il y aura des répercussions, croyez-moi ! s'emporte-t-il. Vous allez recevoir un tas de coups de pied au cul, et de la part de personnes importantes. Mais j'ai un boulot à faire, et je n'en ai rien à foutre de ces politiciens ! » Le commandant du 5e corps d'armée le prouve séance tenante en sommant Leclerc de ne pas participer au défilé sur les Champs-Élysées, pour ne se consacrer qu'à la mission qu'il lui a assignée. Le 26 août, il réitère ses instructions et lui ordonne d'aller faire entendre raison aux dernières troupes allemandes qui, en périphérie nord de la capitale, refusent de déposer les armes. Mais rien n'y fait.

Tandis que Leclerc rend visite à ses blessés, sa division, à part quelques patrouilles lancées dans le nord, demeure à Paris qu'elle achève de nettoyer. Pire, comme Gerow finit par le convoquer, il le général se fait représenter par le commandant Weil qui, depuis le débarquement, fait le lien avec les autorités américaines. « Dans notre armée, tonne le chef du 5e corps, cela relève de la cour martiale ! » Mais à 15 heures la 2e DB assure bien la sécurité du défilé, son chef mettant ses pas dans ceux de De Gaulle.

Leclerc est le libérateur de Paris, mais il défile derrière le général de Gaulle, président du gouvernement provisoire, et le général Kœnig, nouveau gouverneur militaire.

Quatre ans plus tôt, dans un bureau de Londres, un général de brigade à titre temporaire assurait à un capitaine à la tête bandée que la France finirait par gagner la guerre. Et les voici désormais marchant l'un devant l'autre, figures éternelles de la « seule France, de la vraie France », celle qui se bat. La pagaille affectant le défilé, entre délire de la libération et terreur causée par les rumeurs de tireurs embusqués, ne peut guère les atteindre. Ensemble, ils entonnent à Notre-Dame le *Magnificat*, un hommage à la Providence si chère au commandant de la 2e DB.

Défilé de la 2e DB sur les Champs-Élysées.

# 9

# VERS L'EST COMPLIQUÉ

Qui sait ce qui s'est passé le 15 juillet 1789 ? Il en va de même des lendemains de la libération de Paris, et pourtant, qu'ils ont été périlleux !

Refoulés de la capitale, les Allemands tentent par tous les moyens de s'en rapprocher. Le 27 août, la 2e DB accuse ainsi douze tués au Bourget. Malgré une crise de paludisme qui l'oblige chaque soir à rentrer aux Invalides, Leclerc démontre sa maestria tactique en écartant le lendemain toute menace de résurgence ennemie dans le nord. Mais l'épisode a une nouvelle fois mis à rude épreuve l'entente franco-américaine. Le commandant de la 2e DB voue aux gémonies ces alliés qui l'auraient laissé en pointe. Aussi, quand il croise à Paris le général Gerow qui lui reproche encore son indiscipline, ne se prive-t-il pas de lui asséner : « Lorsque vos ordres se traduisent par des conneries, ce n'est pas une raison pour que je les exécute ! » Leur rencontre a lieu sur les Champs-Élysées, où de Gaulle a autorisé les divisions américaines en transit à défiler, autant pour honorer leurs sacrifices depuis la Normandie que pour dissuader les communistes d'essayer de prendre le pouvoir. La 2e DB n'est pas loin non plus puisque, relevée par les Américains après deux semaines de sprint, elle prend un répit mérité dans le bois de Boulogne et le nord de Paris. Dès le 27 août, Leclerc a donné le ton au général de Gaulle dans une lettre impitoyable écrite « à quelques kilomètres des Boches, en pleine banlieue rouge ». À ses yeux, les FFI, ce sont 10 % « de très bons, braves et réellement combattants », 20 à 25 % « d'acceptables et suivant l'exemple », le reste se partageant entre « racaille et fumisterie ». D'où sa crainte d'une « guerre civile » et ses reproches à de

Le 27 août, porte de la Chapelle.

Gaulle qu'il juge, comme la plupart des Français libres revenus au pays, trop clément à l'égard de la Résistance. Face à cette situation, il ne prône pas le retour au régime ancien, mais toujours une « révolution », quoique étant lui-même, comme il le rappelle, « de famille bourgeoise, terrienne, ayant des intérêts importants dans la grande industrie » : « Puissiez-vous, écrit-il au président du GPRF, trouver l'équipe d'auxiliaires, nouveaux et courageux, nécessaires pour faire et diriger vous-même cette révolution. » En tout cas, il n'est pas question dans son esprit que la 2e DB serve de force de police à Paris, comme la rumeur le répand de plus en plus. À Koufra, c'est la cathédrale de Strasbourg qu'il a fixée comme destination finale, pas la tour Eiffel.

Une recrue pas comme une autre pour la 2e DB : Jean Gabin, ici avec Marlène Dietrich.

## « Du beau sport »

La division en profite en tout cas pour se reconstituer. Outre les très nombreux véhicules à changer ou réparer, il lui faut combler les trous créés par la perte de près de six cent trente hommes, dont vingt-huit officiers. Le bureau de recrutement ne désemplit pas, beaucoup de jeunes gens étant fascinés par la légende désormais établie de la 2e DB.

La famille du général elle-même y apporte son écot puisque, au gré de son premier séjour depuis quatre ans dans sa propriété de Tailly, Leclerc enrôle ses deux fils aînés, Henri et Hubert – même si le second n'a pas les dix-sept ans requis –, et prend soin de les affecter dans des régiments d'origines distinctes, le RMT et le 12e chasseurs d'Afrique. Mais la division comptera encore dans ses rangs Jean et Bernard, fils du frère aîné du général, et des cousins plus ou moins éloignés, dont l'un, Henri de Waziers, enrôlé en Normandie, a déjà trouvé la mort au combat. Le 8 septembre, elle les emmène tous en direction de l'est de la France, non sans qu'ils aient la désagréable impression d'être chassés de Paris. La fatalité veut que les libérateurs soient obligatoirement condamnés à être rejetés par ceux qu'ils ont libérés ; fatalité d'autant plus implacable dans le contexte si particulier de l'été 1944, où le noyau FFL de la 2e DB rappelle trop à certains au mieux leur passivité durant l'Occupation, au pire leur collaboration.

La croix de Lorraine s'en va donc vers sa terre natale, dans la conviction partagée du haut commandement anglo-saxon que les Allemands ne se sont pas remis de l'uppercut normand. Leclerc pense même arriver « sans doute trop tard pour libérer de nouvelles villes françaises, mais assez tôt [...] pour entrer en Allemagne avec [les] Alliés ». Sa mission est de couvrir le flanc sud de la marche. Pour l'occasion, à la grande joie de tous, la 2e DB quitte le 5e corps d'armée du général Gerow pour réintégrer le 15e aux ordres de Wade Haislip. Le 9 septembre, la ruée vers l'est offre une étape immanquable aux Français libres, Colombey-les-Deux-Églises, où Leclerc s'indigne de découvrir la maison du Général mise sous scellés par Vichy. Le lendemain, la division se voit ordonner d'atteindre la Moselle, distante de 150 km. Le parcours commence idéalement ; Contrexéville puis Vittel sont enlevées en quelques heures. Mais à une quinzaine de kilomètres d'Épinal, l'avant-garde constituée par les sous-groupements Massu et Minjonnet vient croiser la route de la 112e *Panzer Brigade* qui, tout juste constituée le 4 septembre, a charge de percuter les flancs de la 3e armée américaine. Le déséquilibre des forces oblige Leclerc à attendre les renforts, lesquels parviennent après avoir libéré le village d'Andelot qui avait été évité. Le 13 septembre, la rencontre inopinée vire à l'hallali pour l'ennemi qui, subissant les assauts combinés de l'aviation alliée, de l'artillerie et des blindés français, perd à Dompaire les deux tiers de ses chars. « Ce fut du beau sport, rapporte sobrement Leclerc au général Juin. Plus de soixante chars boches restés sur le terrain, la plupart Mark V. » Il s'agit

Une des nombreuses reliques allemandes de la bataille de Dompaire.

pourtant de sa première victoire lors d'une grande bataille blindée. Depuis le Cameroun, il avait démontré ses qualités de meneur d'hommes hors pair, accomplissant des merveilles avec si peu ; à Dompaire, il prouve à ceux qui en douteraient encore que sa place à la tête d'une division blindée n'est nullement usurpée. En atteste la *Silver Star* que lui confère quatre jours plus tard Patton *himself*.

Entre-temps, le sous-groupement La Horie, en tête du GTV, est le premier à franchir la Moselle à gué, le 16 septembre. Il lui en coûte un sérieux savon de Leclerc car, sur l'autre rive, les Allemands lui réservent un accueil très rugueux, qui aurait pu transformer ce coup d'audace en débâcle. Le général blâme particulièrement le patron du GTV, le colonel Billotte, qui reconnaît avoir été aventureux, mais qui met son départ de la 2e DB dans la balance d'une éventuelle relève. Le ciment n'a toujours pas pris entre les deux hommes et il explose définitivement quand, alors que le GTV et le GTD ont mission de basculer en force de l'autre côté de la Moselle, Leclerc apprend que Billotte a fait des manières pour franchir la rivière avec la voiture civile qu'il a réquisitionnée. C'en est trop ! Mais le commandant de la 2e DB marche sur des œufs : comment se débarrasser de Billotte sans vexer de Gaulle ? Il trouve donc l'astuce de présenter son rappel à Paris comme une urgence pour la destinée de la division à forte ossature FFI que la rumeur dit promise au colonel[1]. Le président du gouvernement provisoire n'est pas dupe, mais Billotte met fin lui-même à l'affaire en réclamant son départ. Le commandement du GTV revient à Guillebon, la confiance absolue le liant à Leclerc n'étant pas de trop à l'aube des grandes opérations à venir.

## L'ombre de De Lattre se rapproche

Pour l'heure, cependant, la 2e DB ne s'éloignera pas de plus de 40 km de la Moselle, la Belgique ayant reçu la priorité du commandement allié. Leclerc goûte à nouveau au sur-place, ce qu'il a le plus en horreur. Réquisitionnant le château de Gerbéviller pour son PC, il observe la boue puis la neige engluer ses blindés. Lui-même se voit proposer un poste à l'état-major de Paris, autant dire l'enfer après le purgatoire lorrain. « La popularité provisoire et exagérée de mon nom que m'ont valu mon entrée dans Paris et la nervosité des journalistes, argue-t-il auprès du ministre de la Guerre, André Diethelm, ne justifie certainement pas ma présence dans la capitale. » Leclerc demeure aux commandes de sa division, mais d'autres nuages viennent noircir un peu plus l'horizon. Le 29 septembre, la 2e DB passe à la 7e armée américaine. Après la jonction que Dio avait réalisée avec la 1re DFL à Montbard le 12, c'est donc toute la division qui bascule d'un débarquement à un autre puisque l'unité du général Alexander Patch a mis pied à terre le 15 août en Provence, avant de remonter tout le couloir rhodanien. Leclerc n'éprouve pas de réelles difficultés à quitter Patton, sauf que la 7e armée appartient au même 6e groupe que la 1re armée du général de Lattre. Par conséquent, il redoute plus que tout que l'idée germe de regrouper les Français entre eux. Tout l'oppose en effet à celui qui est surnommé « Du théâtre de Marigny ». Le commandant de la 2e DB s'est trop fait à la liberté dont il bénéficiait chez Patton, à l'audacieux emploi des

1. La 10e division d'infanterie.

chars par les Américains en général, pour revenir à l'ancienne doctrine mettant les blindés au service de l'infanterie. Des tensions apparaîtront inéluctablement, que le caractère tout en excès de De Lattre et ses manières ne feront qu'exacerber. Dès le 16 septembre, Leclerc a donc fait savoir à Juin, qui ne lui demandait rien, que « les liaisons et rapports que nous avons eus avec la 1re armée ne nous donnent nulle envie d'y entrer ».

## La désillusion

En un mois, la 2e DB sera donc passée de l'inégalable, avec la libération de Paris, au détestable, avec trois semaines d'attente dans l'automne envahissant. Un séjour à Paris au milieu d'octobre permet à Leclerc de réitérer sa fidélité absolue à de Gaulle qui, en retour, le rassure : non, la 2e DB ne quittera pas le front pour des opérations de police à l'arrière. Témoin de la valeur très symbolique qu'il confère à la division, le président du gouvernement provisoire ne renâcle pas en revanche à imaginer la 1re DFL dans cette tâche ingrate après quatre années pourtant beaucoup plus remplies en faits d'armes. Aussi est-il pratiquement le seul à échapper aux reproches virulents que Leclerc adresse aux nouvelles autorités françaises. Au lieu du bouleversement qu'il appelait de ses vœux, la France lui semble refermer la parenthèse de la guerre et revenir aux errements politiques de la IIIe République. La déception de Leclerc et sa conviction que la « révolution » telle qu'il la conçoit est encore possible trahissent la partialité et donc l'erreur de sa lecture de l'arrivée au pouvoir du Général. Avant le débarquement en France, il en sous-estimait la part revenant aux mouvements de résistance intérieure et à leurs débats politiques, pour ne voir que le patient aboutissement de batailles menées à l'étranger. Et plus il s'en rend compte, plus il se sent impuissant, lui le militaire embourbé au pied des Vosges. Sa colère prend alors une forme étonnante. Lui qui abhorre le jeu politique, qui couve « sa » division comme le plus cher de ses enfants, il affirme à celui qui est devenu son confident depuis l'été de 1940, René Pleven, qu'il serait prêt à prendre ses responsabilités, et lui laisse entendre qu'il pourrait accepter une place au gouvernement. Quelle que soit sa sincérité, cette éventualité en dit long sur le dépit d'un homme qui voit se construire un monde différent de celui pour lequel il s'est tant battu. « Il y a deux mois, écrit-il le 23 octobre, quand je préparais un ordre d'attaque, j'avais vraiment l'impression de faire l'essentiel. Aujourd'hui, quand j'en prépare un nouveau, j'ai l'impression de me livrer à un travail accessoire. »

Le meilleur remède sera l'action. À force d'insistance, après un mois d'immobilité, Leclerc décroche enfin une nouvelle mission pour la 2e DB : faire tomber Baccarat, distante d'une quinzaine de kilomètres seulement, mais qui est une sentinelle de la ligne de défense ennemie barrant la route de Strasbourg et de l'Allemagne. Le général a eu tout le temps de préparer son opération avec l'aide de la résistance locale – une première pour lui à ce degré –, mais il ne se refait pas. Car il a face à lui

Auprès des troupes, en Lorraine.

un seigneur de la bataille de chars, le général Hasso von Manteuffel, l'un des vingt-sept titulaires de la croix de chevalier de la croix de fer avec feuilles de chêne, glaives et brillants[1]. L'audace est indispensable pour déstabiliser pareil adversaire. Puisque, dans ce paysage boisé, la défense sera logiquement concentrée sur les routes, Leclerc choisit de passer là où personne ne l'attend : très au nord, dans la forêt de Mondon, où le génie perce pendant une semaine des voies de progression avec la bienveillance de la Providence qui nappe la région d'un brouillard fort opportun.

Le 1er novembre, les tout derniers arbres sont abattus, servant de lever de rideau à la fantasia française. Cinq sous-groupements jaillissent sur les lignes allemandes, qui subissent simultanément le matraquage des trente-deux groupes d'artillerie cédés par les Américains en complément des trois français. Les trois pôles de défense qui veillaient sur les nationales à Ogéviller, Hablainville et Azerailles sont pris à revers. Au centre de la horde, les troupes de Rouvillois fondent sur Baccarat, dont elles terrassent l'ultime rempart antichar. Elles sont les premières sur le pont de la Meurthe que les Allemands, totalement désarçonnés, n'ont pas eu le loisir de détruire. De violents affrontements perdurent au nord, particulièrement à Herbéviller, finalement investi par Minjonnet. Mais, complètement déboussolé par ce qui passera à la postérité comme le « menuet de Baccarat », l'ennemi, auquel la 2e DB a infligé plus de 2 000 morts depuis Dompaire, préfère plier bagages dans l'après-midi. « Une de mes plus belles réussites », consent à admettre un Leclerc toujours aussi dur avec lui-même. C'est que quarante-cinq hommes sont tombés à la division et qu'une obsession chassant l'autre, le général veut Strasbourg ; c'est son destin, sa promo de Saint-Cyr, son serment de Koufra. Or, non seulement les Américains ne prévoient pour l'heure que de l'envoyer à Haguenau, mais il sait que de Lattre joue des coudes pour décrocher le trophée qu'il considère lui aussi comme son dû après avoir manqué Paris. Leclerc reprend donc son bâton de pèlerin pour convaincre le commandement américain. Il y compte un avocat des plus acquis, Wade Haislip, qui en débat

1. Il en sera décoré le 18 février 1945. Un seul officier allemand a reçu la décoration suprême (feuilles de chêne en or, épées et diamants), le pilote Hans Ulrich Rudel.

avec Eisenhower et Bradley, et qui, le 10 novembre, lui annonce avoir obtenu que la 2e DB soutienne l'action de l'infanterie américaine sur Saverne. *A priori*, rien sur la capitale alsacienne. « Si j'écris Strasbourg, lui spécifie-t-il toutefois, la 7e armée va vous arrêter ! »

## Le chef-d'œuvre du Compagnon

La trouée de Saverne est le dernier verrou avant la plaine d'Alsace. Aussi, quand le général réunit ses officiers le 12 novembre, tous, particulièrement les anciens du Tchad, comprennent que Strasbourg est au bout.

L'enthousiasme cependant ne dure pas. Les premières journées à l'assaut des Vosges sont plus que laborieuses ; la 2e DB perd beaucoup d'hommes, dont, le 18 novembre, le commandant de La Horie qui, la veille, avait enlevé Badonviller grâce à une charge flamboyante. Leclerc en est très affecté, qui perd un camarade de Saint-Cyr et voit sa division progresser trop lentement à son goût : au soir, une douzaine de kilomètres seulement ont été couverts depuis Baccarat. Intenable, il a terrifié son état-major en se portant en toute première ligne au milieu des balles et des obus. Mais c'est cette connaissance presque charnelle du terrain qui lui permet de dessiner ce qui restera sans doute comme sa manœuvre la plus lumineuse. Pour atteindre Saverne, en effet, la muraille des Vosges offre depuis Lutzelbourg un passage naturel, où a été creusé le canal de la Marne au Rhin. Naturellement, les Allemands l'y attendent de pied ferme ; pour en quelque sorte donner le change, Leclerc décide d'y engager les sous-groupements Quilichini et Minjonnet. Mais il mise tout sur deux portes dérobées, au nord et au sud, beaucoup moins gardées car beaucoup plus périlleuses : la forêt pour Rouvillois, les cols pour Massu. Départ le 19 novembre : « Foncez comme des brutes ! », répète Leclerc, au cas où son *leitmotiv* aurait été oublié…

Après une difficile entrée en matière qui lui inflige des pertes importantes, Massu culbute tout ce qui résiste sur la route de Dabo, tant et si bien que le général décide de dérouter dans son secteur le sous-groupement Minjonnet qui, lui, est bloqué sur place. Puis c'est tout le GTV qui s'engouffre dans la brèche, alors que les éléments de tête dépassent le col du

Le 14 juillet 1942, le général remet la Croix de la Libération au capitaine Massu.

Valsberg le 21, aux alentours de midi ; la plaine d'Alsace est à leurs pieds. Même réussite de l'autre côté de la trouée de Saverne : passant plus au nord que prévu, Rouvillois se saisit de la marge de manœuvre accordée – si ce n'est exigée – par Leclerc pour viser en surplomb le col de la Petite-Pierre.

Au QG du 6e groupe d'armées, les réactions sont comme suspendues. La maestria de Leclerc impressionne, mais les Américains se demandent s'il s'en tiendra aux ordres, qui sont de ne pas basculer de l'autre côté des cols. Sont-ils vraiment surpris d'apprendre le 22 novembre que Rouvillois et Massu ont déjà réalisé leur jonction dans la plaine d'Alsace ? C'est donc par l'est que Saverne est conquise par la 2e DB, qui fait au passage huit cents prisonniers. Leclerc devrait couper les moteurs dans la ville et s'écarter au profit de l'infanterie américaine, la seule qui, selon les plans, ait Strasbourg à l'horizon. Des Français se contenteraient de tenir la porte dans leur propre pays ? Il n'en est évidemment aucunement question pour Leclerc qui lâche sa division vers l'est en usant de tous les stratagèmes pour que le général Devers, commandant le 6e groupe d'armées, en soit averti le plus tard possible.

De toute façon, l'affaire est vite enlevée. Étalés sur une ligne nord-sud, Rouvillois, Massu, Cantarel, Putz et Roumiantzoff fondent sur Strasbourg, telle une machine parfaitement huilée qui sait désormais exactement ce qu'en attend son créateur. Alors que les autres sont arrêtés par de vives résistances, Rouvillois se fraie un chemin dans Mommenheim, Brumath, puis Schiltigheim. À 9 h 30, le 23 novembre, il est le premier

La 2e DB entre dans Strasbourg.

à percer la carapace de forts et de fossés antichars protégeant Strasbourg. Après la cathédrale, sus au pont de Kehl pour les marsouins du lieutenant Lucchesi appuyés de chars ! Les Allemands les maintiennent à deux reprises à trois cents mètres du Rhin, plaçant finalement Rouvillois en position délicate. Mais le GTV et Massu, respectivement entrés par le sud et par le nord en début d'après-midi, peuvent mener à bien l'annihilation méthodique de toutes les poches de résistance.

En soirée, Leclerc surgit à son tour dans Strasbourg, dont le nettoyage nécessitera encore deux jours d'efforts acharnés jusqu'à la reddition du commandant de la place, le général Franz Vaterrodt[1]. Il évoque aussitôt à de Gaulle « la plus haute récompense et le terme d'une lutte dure ». Pour autant, éternel perfectionniste, il ne peut s'empêcher d'exprimer de

1. Elle vaut à l'Allemand une condamnation à mort dans son pays. Il retrouvera cependant la liberté après trois années passées dans les geôles alliées.

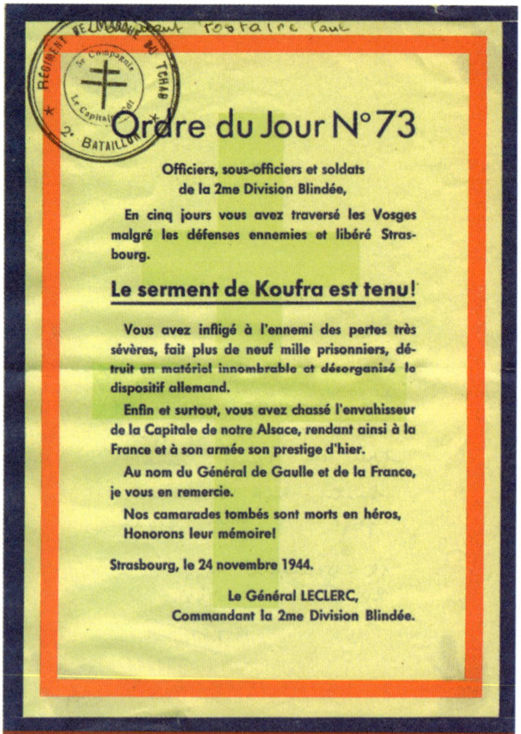

Ordre du Jour N°73

Officiers, sous-officiers et soldats
de la 2me Division Blindée,

En cinq jours vous avez traversé les Vosges malgré les défenses ennemies et libéré Strasbourg.

**Le serment de Koufra est tenu!**

Vous avez infligé à l'ennemi des pertes très sévères, fait plus de neuf mille prisonniers, détruit un matériel innombrable et désorganisé le dispositif allemand.

Enfin et surtout, vous avez chassé l'envahisseur de la Capitale de notre Alsace, rendant ainsi à la France et à son armée son prestige d'hier.

Au nom du Général de Gaulle et de la France, je vous en remercie.

Nos camarades tombés sont morts en héros,
Honorons leur mémoire!

Strasbourg, le 24 novembre 1944.

Le Général LECLERC,
Commandant la 2me Division Blindée.

La conquête de Strasbourg ferme une parenthèse de plus de trois ans.

l'aigreur vis-à-vis des Américains qui ont encore tenté de le dissuader *in extremis* de faire son entrée dans la ville, mais aussi de De Lattre, à qui le 6e groupe d'armées aurait « réservé » la libération de Strasbourg pour le lendemain. Il en trouve la confirmation le soir même dans l'attribution des lauriers à la 1re armée française, qui pourtant s'éloigne à peine de Mulhouse conquise deux jours plus tôt. « Je me contente de vous informer de cette plaisanterie qui se passe de commentaires […], écrit Leclerc à de Gaulle. Vingt-quatre heures de perdues et la bataille coûtait deux fois plus cher aux populations civiles et militaires. » Le prix payé par la 2e DB est déjà plus élevé qu'à Paris ; quant aux civils, Leclerc enrage devant le pilonnage persistant de l'artillerie allemande. Un obus manque de le tuer en s'abattant le 24 novembre sur le Kaiserpalatz où il venait de lancer à Dio : « On y est cette fois, mon vieux Dio. Maintenant, on peut crever tous les deux ! » Sa fureur le conduit à brandir une menace d'une stupéfiante gravité : cinq otages civils, pris parmi le millier d'employés allemands bloqués dans la ville par la ruée de la division et les dizaines d'agents de la Gestapo arrêtés, seront fusillés pour chaque militaire français tué. Leclerc confirme ne vraiment pas être un général comme les autres ; il le doit à sa passion dévorante pour la France, dopée par l'euphorie de voir aboutir un rêve, celui de Koufra, qui pour tellement de ses semblables semblait une utopie. Mais tous les autres protagonistes sont à vrai dire consternés par sa déclaration. De manière attendue, le Haut État-Major allemand promet des représailles en cas de passage à l'acte, toutefois les Alliés eux-mêmes s'empressent de faire savoir que la convention de Genève sera respectée.

## Pénibles lendemains

Les Américains n'ont pas fini d'en vouloir au commandant de la 2^e^ DB. Après l'avoir investie en désobéissant, voici en effet qu'il refuserait de s'éloigner de Strasbourg. Faux, rétorque le général, qui avance pour preuves les reconnaissances lancées vers le sud par Dio, avec pour ambition de tendre la main à de Lattre et de relever ensemble le nouveau défi situé 50 km plus loin : résorber la poche de résistance allemande autour de Colmar. La fautive est en fait la 7^e^ armée américaine qui tarde à relever la 2^e^ DB dans Strasbourg, mais le 6^e^ groupe d'armées gardera toujours dans un coin de sa mémoire ce temps mort où, écrit le chef de son 3^e^ Bureau, le général Vittrup, les Français auront fait « toutes sortes de choses étranges dans Strasbourg, au lieu de faire ce qu'on leur avait dit ». Et de sanctionner : « Je fais reposer toute la responsabilité [de la poche de Colmar] sur la 2^e^ DB qui, plutôt que de manœuvrer, est restée dans Strasbourg à piller et à faire une fête de tous les diables. » L'accusation est outrancière. Leclerc prouve ses parfaites dispositions en retirant ses derniers éléments de Strasbourg le 28 novembre, peu après que la 7^e^ armée s'y est enfin présentée. D'autre part, un dysfonctionnement majeur paraît bien plus la cause de la pérennité de la poche de Colmar. Avec la 1^re^ armée française remontant de Mulhouse, le plan s'impose en effet de lui-même pour Leclerc : les deux divisions blindées de De Lattre par le sud et la sienne par le nord doivent acculer l'ennemi dans une action d'étranglement convergente. De prime abord, de Lattre est du même avis, qui, au matin du 28, rédige un ordre exactement dans cet esprit. Mais il se ravise lorsque l'approche de la 2^e^ DB lui est rapportée. Car c'est en termes de trophées qu'il réfléchit. Lui a décroché Marseille et Lyon, Leclerc Paris et Strasbourg : il considère donc que Colmar doit lui revenir. Or, à ses yeux, une attaque nord-sud serait favorable à la 2^e^ DB. En quelques heures, il révise donc entièrement ses plans et opte pour une percée ouest-est, au grand dépit de ses propres généraux – surtout dans les blindés, qui devront dorénavant affronter les Vosges dans un hiver impitoyable. Leclerc est lui aussi affecté par un changement, mais dans le commandement, celui-là même dont il espérait qu'il ne se produise jamais : le 6e groupe d'armées donne à de Lattre autorité sur toutes les unités alliées à l'assaut de Colmar, donc sur la 2e DB. Atterré, le Picard soupçonne les « autorités françaises » d'avoir voulu le priver de Mayence vers laquelle les Américains auraient envisagé de le diriger, entreprise pourtant assez compliquée, puisque 200 km l'en séparent encore[1]. La perspective de quitter le giron américain, et surtout d'être aux ordres de De Lattre, le rebute tellement qu'il en vient à proposer de faire éclater cette 2e DB qu'il a eu tant de peine à construire, à faire grandir, à mener à la victoire, afin qu'elle serve de « levain » aux nouvelles divisions françaises en formation. En vain. L'Alsace est sans doute la première à rappeler à Leclerc qu'il est revenu en France, qu'avec la libération de la quasi-totalité du territoire national, la page exaltée des quatre années précédentes, de la « croisade » comme il aime à dire, avec des « gens de toutes espèces et de toutes origines [...] derrière [des] chefs qui ont levé l'étendard de la guerre sainte », est définitivement tournée...

## L'exaspération américaine

Place au réalisme : la 2e DB passe sous la coupe de De Lattre, et Leclerc ne démissionne pas. Au-delà des humeurs, des foudres plus ou moins passagères, le général conserve de fait une confiance d'airain en de Gaulle. Si celui-ci juge bon de rassembler toutes les divisions françaises, dans un contexte dont lui seul connaît les tenants et les aboutissants, Leclerc ne se croit pas autorisé à s'y opposer. Néanmoins, il ne va pas à Canossa. À peine intégré à la 1re armée, il réclame de l'infanterie pour consolider l'action de ses chars en plaine. Première demande, premier refus : le mariage forcé commence mal, et les premiers engagements le 13 décembre ne laissent rien augurer de meilleur. Pour la pression qu'il lui demande d'exercer à une trentaine de kilomètres au nord-est de Colmar, de Lattre renforce Leclerc

1. La ville ne sera d'ailleurs conquise qu'en mars 1945.

d'un bataillon du 1^er^ régiment de chasseurs parachutistes (RCP), qui subit une hécatombe lors de l'échec de la conquête de Bindernheim : 33 tués, 147 blessés, 9 disparus, et 70 pieds gelés. Les deux parties s'en accusent mutuellement, mais les mots les plus durs sont ceux du commandant Faure, du 1^er^ RCP, qui décrit un Leclerc ayant « dans le fond le plus parfait mépris pour tout ce qui n'est pas de chez lui, et en particulier pour tout ce qui provient de la 1^re^ armée ». Et de réclamer, comme Leclerc l'a fait lui-même pour la 2^e^ DB vis-à-vis de De Lattre, « un prétexte, celui par exemple de la préparation d'une mission aéroportée, pour nous sortir d'ici ».

Les Américains ne se font vraiment pas à ces turbulents Français. Pour en récupérer tout juste le commandement, le patron du 6^e^ groupe d'armées, le général Devers, doute même des vraies capacités de la 2^e^ DB. Et il ne faut compter ni sur de Lattre ni sur Monsabert, à la tête du corps d'armée auquel Leclerc a été rattaché, pour le rassurer. Une nouvelle démarche du libérateur de Paris achève de le discréditer à ses yeux. Le 11 décembre, ne lâchant jamais rien, Leclerc profite en effet d'une accalmie pour aller plaider à Paris son retour au sein de l'armée américaine. De Gaulle est alors à Moscou pour le traité d'alliance et d'assistance mutuelle avec l'URSS. Autant dire que les états d'âme du commandant de la 2^e^ DB passent très loin au second plan. Celui-ci est de retour en Alsace le 14 décembre avec seulement une requête écrite du ministre de la Guerre, demandant aux Américains d'attendre le retour du président du gouvernement provisoire pour statuer sur le retrait de la 2^e^ DB de la 1^re^ armée. Devers est furieux de ce comportement de *prima donna*, selon l'expression de son état-major. Avec de Lattre, il a pourtant été habitué à bien pire, mais il le pratique depuis plus longtemps. Et puis, Leclerc n'a pas cette science de la séduction de son aîné qui, malgré d'innombrables disputes entre eux également, fera écrire à Devers à la fin de sa vie cette merveille d'autocongratulation : « Le général de Lattre [...] m'admirait comme soldat autant que je l'admirais. »

Avec Leclerc, pas de louvoiements, c'est droit au but. La méthode était efficace avec Patton, elle est catastrophique avec Devers qui, exaspéré par les soucis que lui cause une seule de sa vingtaine de divisions, en vient à brosser cette fois ce qui restera peut-être le portrait à la fois le plus cinglant et le moins juste du commandant de la 2e DB. L'entame est extraordinaire au vu des choix faits depuis 1940 : « Son attitude est celle du défaitiste. » Le quatre étoiles américain de détailler ensuite : « Apparemment il parvient à progresser avec sa division quand il trouve un terrain dégagé, mais quand il rencontre une opposition sérieuse et que les choses n'avancent pas rapidement, il échoue. Je me rends compte pleinement que si je disposais d'une division d'infanterie à ce moment, je relèverais la 2e DB et ne la remettrais pas sous commandement de la 1re armée [...]. »

## Sacrifice ultime pour un serment

Le 20 décembre 1944, Leclerc apprend son maintien chez de Lattre. Sa dernière cartouche est de proposer ce qu'il avait expressément refusé quelques semaines plus tôt, à savoir l'emploi de sa division comme une force de police dans les régions les plus agitées de France. C'est alors au tour de De Gaulle de perdre patience : « En voilà assez ! », s'emporte-t-il le 22 décembre devant le colonel de Langlade missionné par Leclerc. « Quant à sa subordination au général de Lattre, déclare le Général, vous lui direz que je lui donne l'ordre d'obéir. Une fois de plus, il veut n'en faire qu'à sa tête, eh bien non, qu'il me laisse en paix et qu'il fasse ce qu'on lui dit de faire ! »

Leclerc va-t-il rentrer dans le rang ? Certainement pas. Puisque le président du gouvernement provisoire doit venir passer Noël à la 2e DB, il lui prépare une lettre furibarde où tout y passe, de la désolation à voir ses demandes considérées comme « des fantaisies » après tant d'années de « dévouement », à la vindicte contre de Lattre accusé de vouloir profiter « de tous les moyens et [de mettre] tout en œuvre dans les délais les plus rapides pour démolir [son] honneur militaire qui, grâce au Ciel, est demeuré intact ». Leclerc refuse de « devenir le pantin d'un chef de cette trempe » et remet donc sa démission sur la table. « Tout ce qui est exagéré est inutile ! », riposte avec philosophie de Gaulle, qui conserve pour son subordonné une bienveillance sans égale. Mais le temps de la

« division politique » n'est plus : Paris libéré, c'est d'une « armée politique » dont a désormais besoin le Général, sur la base du plus grand rassemblement de forces possible, FFL, FFI, FTP, maquisards, afin de convaincre les Alliés que la France est forte, qu'elle est réunie, et qu'elle mérite donc sa place dans le règlement du conflit.

La demi-journée que de Gaulle passe en sa compagnie rassérène un peu Leclerc qui, si intenses que soient ses propres interrogations, a cette qualité rare de pouvoir se reposer sur un avis qu'il sait plus fondé que le sien. Il obtempère, mais pas longtemps ; le 30 décembre, ne pouvant plus souffrir la mission défensive qui lui est assignée, il envoie un premier messager auprès du général de Monsabert, puis le 1er janvier 1945 il rencontre de Lattre à Wasselonne. Le désespoir du « roi Jean » trouve autant sa source dans la colère de voir un jeune général oser lui tenir front, que dans sa peine de ne pas réussir à l'attirer dans sa cour. Le ton est une fois encore à l'orage, mais le Reich met les deux hommes d'accord : la contre-attaque des Ardennes sème en effet l'affolement chez les Alliés qui refluent plus que de raison : la 2e DB a charge de colmater en partie la brèche en Lorraine, où elle est rendue au 15e corps d'armée américain, échappant donc à la férule française.

Dans la nuit, les troupes de Leclerc rebasculent de l'autre côté des Vosges, mais seul le GTL est engagé les 3 et 4 janvier. De toute façon, le général n'a plus qu'une obsession en tête, Strasbourg, dont les Américains, raisonnant sur le simple plan tactique, projettent de se retirer pour se rétablir derrière une ligne plus solide. Leclerc nie que le danger soit tel et invoque « l'effet moral catastrophique qu'une telle défaite produira ». Le colonel Vézinet est envoyé annoncer à de Gaulle qu'en cas de maintien du retrait des troupes, lui donnera l'ordre de « passer en Alsace et [de] se faire tuer sur place, jusqu'au dernier homme, pour sauver l'honneur de la France ». Il n'en aura pas besoin ; le président du gouvernement provisoire menace Eisenhower d'interdire aux armées alliées l'accès aux rails français, et puis la situation se stabilise suffisamment pour que de Lattre soit autorisé à renforcer la 3e DIA déjà présente à Strasbourg par sa 5e division blindée. Le serment de Koufra tient toujours…

# 10

# UNE DB POUR QUOI FAIRE ?

Le départ en Lorraine éloigne la 2e DB du cœur des combats. C'est le retour de l'attente, d'autant plus difficile à supporter que les camarades de la 1re DFL, eux, sont pleinement engagés dans la plaine d'Alsace. Le 10 janvier 1945, leur chef, le général Garbay, qui a pris la succession de Diego Brosset après un accident mortel, appelle même Leclerc à l'aide. Face aux chars allemands, il lui faudrait des tanks destroyers que Monsabert auquel il est subordonné est incapable de lui fournir. Mais le commandement américain refuse l'envoi du groupement Guillebon proposé par l'état-major de la 2e DB. Réduit une fois encore à l'attente, Leclerc use beaucoup de son énergie à retaper sa division, en demandant ici de nouveaux blindés, là un meilleur ravitaillement. Il planche aussi sur l'avenir que de Gaulle lui a tracé : la formation d'un nouveau corps d'armée, dont il recevrait le commandement. L'idée le séduit, elle est le prolongement naturel dans une carrière, mais elle n'est pas sans lui causer beaucoup de tourments. Le premier : qui pour le remplacer ? Lui qui a si souvent menacé de démissionner ne peut envisager sans pincement au cœur de laisser « sa » division à un autre. De même pour les troupes qui compléteraient la 2e DB au sein de la nouvelle unité : Leclerc rêve d'un corps d'armée FFL, en tout cas majoritairement issu de la Résistance, avec la 1re DFL donc, ou une division FFI. Enfin se pose la question hiérarchique : quelle armée rejoindrait-il ? Si c'est celle de De Lattre, prévient Leclerc, « je n'y resterai pas huit jours ». Le 16 janvier, le général Juin, à qui il se confie volontiers depuis l'Afrique du Nord, le rassure : ce serait la 7e armée américaine. Mais certainement conscient de l'état encore très embryonnaire de ce projet, le chef d'état-major de la défense nationale l'enjoint de mettre le couvercle sur ses différends avec le commandant de la 1re armée : « Faites-le de bonne grâce. Il y va de l'intérêt général, et ce ne sera que temporairement. C'est bien là l'intention du général de Gaulle. »

## Vraiment trop de sang sur la neige

Le lendemain, le général Devers annonce avoir décidé le retour de la 2e DB au sein de la 1re armée, dans la perspective de résorber enfin la

Dans les neiges alsaciennes.

poche de Colmar. Avec lui, Leclerc n'a aucune chance ; sa critique de l'opération à venir est vaine. Le commandant du 6e groupe d'armées n'écoute que de Lattre et Monsabert, dont il trouve le plan « excellent ».

Le 18 janvier, la 2e DB se glisse donc dans le secteur que lui a attribué la 1re armée, au bord de l'Ill, entre Sélestat et Strasbourg. Placée en réserve de corps d'armée, elle est dépecée par groupements au profit de la 1re DFL et de la 3e DIA, qui lancent l'offensive le 20. Les combats sont âpres et d'autant plus difficiles à supporter pour Leclerc qu'ils auraient sans doute pu être évités à la fin de l'année précédente, si de Lattre n'avait fait assaut d'orgueil en réorientant l'axe d'attaque. Pendant une semaine, le Picard se tient à ce que Juin lui a demandé. Mais le 28, la coupe est pleine : en deux jours d'affrontements à Grussenheim, le GTV déplore plus de pertes que durant toute l'épopée de la libération de Strasbourg ! Le lieutenant-colonel Putz fait partie des nombreux tués. Pour l'heure, Leclerc se contente de suggérer à Monsabert de suspendre l'assaut le temps de trouver d'indispensables renforts en infanterie, en aviation et en artillerie. Mais au matin, comme le patron du 2e corps d'armée s'enferre, il refuse d'appliquer les ordres qu'il taxe de « conneries » et, devant un Monsabert indigné, le couche séance tenante par écrit. Puis, sans la moindre hésitation, il se rend à Vittel, chez le général Devers, puisque c'est l'état-major du 6e groupe d'armées qui ferait de la rétention de bataillons.

Compte tenu de leurs précédentes confrontations, l'absence de l'Américain à son QG, déplorée sur le moment, se révèle certainement une très bonne nouvelle. Il y a fort à craindre en effet que des sanctions seraient tombées, or la situation se dénoue dans les deux jours suivants, d'abord avec le report de l'opération, ensuite avec le repli allemand. Mais Leclerc ne passe pas l'éponge. Redoutant d'autres Grussenheim, il demande encore et toujours à Juin d'intercéder afin que la 2e DB échappe à l'emprise de De Lattre. « Les opérations antérieures de la division, plaide-t-il le 30 janvier, les pertes infligées à l'ennemi, nos 4 000 tués et blessés, notre attitude dans les derniers combats parlent d'eux-mêmes. » Et comme rien ne vient, il ose proférer une très grave accusation : « Sans preuve matérielle, de nombreux indices me permettent de deviner que cette démolition de la 2e DB ne serait nullement désagréable au commandement de la 1re armée. » Pourrait-il écrire pire insinuation ? Hélas pour lui, c'est toujours insuffisant. Quelque sincère que soit son estime pour Leclerc, et sa détestation au moins égale du personnage de De Lattre, Juin partage la préoccupation de De Gaulle : porter atteinte à la 1re armée, la seule du pays, ce serait porter atteinte à la nation tout entière. Il suffit de lire ce que Devers couche dans ses carnets après la visite qu'il rend à la 2e DB le 31 janvier : « La 2e DB est une excellente division quand elle le veut. Quand elle ne le veut pas, elle est absolument inutile. » Jugement encore plus terrible pour Leclerc : « Dans l'armée russe, [il] serait fusillé. Dans l'armée américaine, il serait relevé de son commandement. »

Tant d'autres se seraient résignés. Le Picard, lui, continue envers et contre tout à exiger son retrait de la 1re armée. Le 1er février, il en débat encore face à face avec de Lattre. Une année d'acrimonie réciproque est déballée dans des éclats de voix, Leclerc finissant même, selon certains, par empoigner l'uniforme de son interlocuteur. « Si Delattre [*sic*] gagne, lâche-t-il de retour à son PC, s'il garde la division, je demanderai à partir, je disparaîtrai. Si plus tard le pays est dans le pétrin et que je puisse être utile à quelque chose, je reviendrai. » Difficile d'imaginer Leclerc abandonner les siens dans une situation qu'il juge si aventureuse ; l'influence de De Gaulle se lit en revanche dans cette posture du recours qui lui sied plus. Quoi qu'il en soit, les événements viennent immédiatement lui éviter un terrible choix puisque, dans le même temps, il reçoit l'appui de Paris et la décision de Devers de le refaire passer sous commandement américain dès le 3 février. C'est donc au sein du 21e corps d'armée du général Millburn que la 2e DB opère ses derniers mouvements en plaine d'Alsace, sans accrochages. Le 8 février, en particulier, elle réalise la jonction avec la 1re DB française à Fessenheim.

## Il voulait voir Mayence, il a eu Royan

Le commandant de la 2e DB a désobéi, il a beaucoup énervé, il s'est entêté et il a obtenu ce qu'il cherchait. Bref, il a été Leclerc. L'attitude de De Gaulle est également emblématique ; lui aussi a été plus qu'agacé par les manières du turbulent général, mais il n'oubliera jamais ce qu'il lui a apporté dans les heures les plus sombres. C'est pourquoi, dès le 11 février, il tient à venir saluer une nouvelle fois la 2e DB, et à cette occasion il remet à son chef la plaque de grand officier de la Légion d'honneur. Chacune de ses visites a toujours un effet apaisant sur son jeune subordonné…

Cependant, les tourments reprennent vite Leclerc. Tant qu'elle reste en Alsace en effet, la 2e DB est susceptible de suivre la 1re armée en Allemagne, où l'honneur national exige qu'elle se déverse. Ce n'est que le 28 février que vient la délivrance : la division est retirée du front, direction Châteauroux. Mais la décision est à double tranchant ; heureux d'échapper à de Lattre, Leclerc craint désormais par-dessus tout de finir la guerre l'arme au pied. D'autant que le projet de former un nouveau corps d'armée est enterré. À la mi-mars, alors que de Lattre s'apprête à franchir le Rhin, l'avenir de la 2e DB est très incertain. Et quand il est enfin fixé, Leclerc déchante. S'étant convaincu d'un engagement rapide en Allemagne, il apprend que ses troupes sont attendues dans la poche de Royan. Rien ne pouvait plus lui déplaire. Ces combats sont inutiles par essence, puisque les poches capituleront d'elles-mêmes lors de l'effondrement du Reich, et ils sont très meurtriers, les défenseurs allemands combattant avec l'énergie du désespoir.

Pour Leclerc, la 2e DB ne mérite pas pareille injustice. Une fois de plus, il en appelle directement à de Gaulle, mais pour celui-ci il est encore moins question de déjuger, devant le monde entier, à la fois Devers et de Lattre. Ce ne sera pas long, et ce sera bon pour la cohésion nationale, réplique en substance le président du gouvernement provisoire. Il est relayé par le commandant des Forces françaises de l'Ouest, le général de Larminat, une vieille connaissance pour Leclerc, qui le soupçonne à son tour d'être le responsable de cette affectation maudite. L'ancien haut-commissaire de l'Afrique française libre lui garantit le contraire en visant juste : c'est Devers qui a insisté en ce sens, faisant même de l'opération qui a reçu le nom de code *Indépendance* un test capital pour la 2e DB. « Si le général Leclerc est *fair-play*, a annoncé l'Américain à l'état-major de la défense nationale, il traversera le Rhin dès l'opération *Indépendance* terminée et ira se promener où il voudra en Allemagne. Sinon, je ne veux plus de lui. » Mais Leclerc est insatiable : Juin, Devers, Larminat, il les entreprend les uns après les autres pour faire annuler la décision. En vain. Il tente alors d'obtenir une participation *a minima*, mais la tentation est forte pour le commandement de profiter de l'expérience de ses hommes. Même si l'infanterie est laissée sur la touche, une grosse part des blindés devra finalement être alignée, Leclerc pestant contre ces « commandants d'armée français [qui] se mettent d'accord avec le commandant du 6e groupe d'armées américain et se retranchent ensuite derrière le commandement américain pour mettre le haut commandement français en présence d'“exigences américaines” qu'ils ont eux-mêmes suscitées ».

## Une parenthèse à vite refermer

Le paroxysme de la colère du général survient quand il croit comprendre que la libération de Royan ne sera qu'une étape et que Larminat alignera encore sa division à La Rochelle. Cette fois, c'en est trop. Après tant de couleuvres avalées, Leclerc menace tout bonnement Juin de démissionner de l'armée. Son seul réconfort vient du constat simultané que la 2e DB ne s'est pas vu interdire de transférer en Allemagne celles de ses unités qui ne sont pas nécessaires à Royan. Un premier pied de l'autre côté du Rhin ? Faux espoir. Devers fait immédiatement savoir que Larminat garde l'entière main sur la division, qui est d'autant moins autorisée à prendre dès à présent la direction de l'est qu'elle pourrait être intégralement engagée pour *Indépendance*... Leclerc est à bout. Tout en faisant savoir à Larminat, dans une réaction d'orgueil, que la 2e DB arrive, mais qu'elle n'alignera pas un homme de plus, il envoie Repiton-Préneuf auprès de Juin faire comprendre « l'importance pour le général de Gaulle de voir une de ses meilleures unités mourir ainsi en queue de poisson ». Tout est à l'avenant. Quand il prend possession de son PC à Saint-Romain-de-Benet, le 13 avril, Leclerc fait savoir au commandant des forces de l'Ouest qu'il ne se présentera pas à son état-major « afin d'éviter des discussions peu compatibles avec les règles de la hiérarchie militaire ». Deux jours plus tard, au hameau du Pouyaud, alors que les blindés de Dio et de Langlade sont déjà engagés, il frôle la mort lors du bombardement par l'ennemi de la position haute d'où il comptait suivre la progression. Son aide de camp et son garde du corps sont blessés à ses côtés, le commandant de Person tué. « Vous n'êtes pas raisonnable ! », le sermonne Larminat. Leclerc lui renvoie sans doute le compliment, lui qui voit avec envie l'armée de Lattre fendre le sud de l'Allemagne en direction de l'Autriche. Quand bien même la 2e DB rêve de l'imiter, elle n'en aura bientôt plus les moyens. Entre le 14 et le 16 avril, 364 des siens ont été mis hors de combat. La « campagne aux huîtres », comme l'ont surnommée les hommes, va donc servir de point final piteux à une épopée magnifique. Mais la Providence n'abandonne pas si facilement son protégé : l'amiral Michaelis, commandant la forteresse de Royan, a la bonne idée de rendre les armes le 17 avril. C'est la dernière chance pour décrocher un ticket pour l'Allemagne. Leclerc se rue à Paris, en s'efforçant « d'oublier Mayence, Francfort, Nuremberg, que le commandement français a laissé échapper ».

## Finir chez Hitler

Un coup c'est oui, l'autre non. À son PC de la rue François-I$^{er}$, le général passe par toutes les émotions au gré des changements de décision sur l'envoi de la division. La balance penche finalement en sa faveur, dans des circonstances qui demeurent floues. Le hasard aurait été décisif, en ayant fait rencontrer à Leclerc de manière inopinée, au sortir du bureau de Juin, le général Walter Bedell Smith, chef d'état-major d'Eisenhower. À lui comme à tant d'autres, il a vendu l'importance d'un transfert urgent de la 2$^{e}$ DB en Allemagne, et ses arguments auraient été suffisamment convaincants pour que l'ordre en soit signé peu après. Il est très peu probable que cette raison soit la seule ; l'affectation de la 2$^{e}$ DB au sein du 6$^{e}$ groupe d'armées laisse deviner que Devers a dû donner son accord, en jugeant Royan comme un purgatoire satisfaisant. L'appoint des Français étant à vrai dire superflu à ce moment de l'écroulement du Reich, un motif politique n'est sans doute pas non plus à écarter. Peut-être une ultime fleur d'Eisenhower pour de Gaulle, ou pour celui qu'il apprécie plus encore depuis l'effroyable campagne d'Italie, le général Juin.

Motif de satisfaction supplémentaire pour Leclerc : la division est rattachée à la 7$^{e}$ armée américaine et non à la 1$^{re}$ armée française. Mais Devers, volontairement ou non, continue à jouer avec les nerfs des Français en ne les renseignant pas sur leur mission. L'euphorie cède donc à nouveau rapidement la place à l'angoisse chez Leclerc qui, de surcroît, apprend la disparition de son père. Mais il ne rentre pas pour l'enterrer, convaincu que « nous en sommes à quarante-huit heures près ». De fait, les Alliés enfoncent tout sur leur passage, décrochant les villes les unes après les autres. Leclerc ne voit plus pour trophée à la hauteur des libérateurs de Paris que Munich, fief du nazisme. Mais le 30 avril, jour même de la mort du Führer, il déchante : la 2$^{e}$ DB est

En septembre 1944, le général avait retrouvé son père qui aimait à dire : « Je crois Philippe, parce qu'il ne m'a jamais déçu. ».

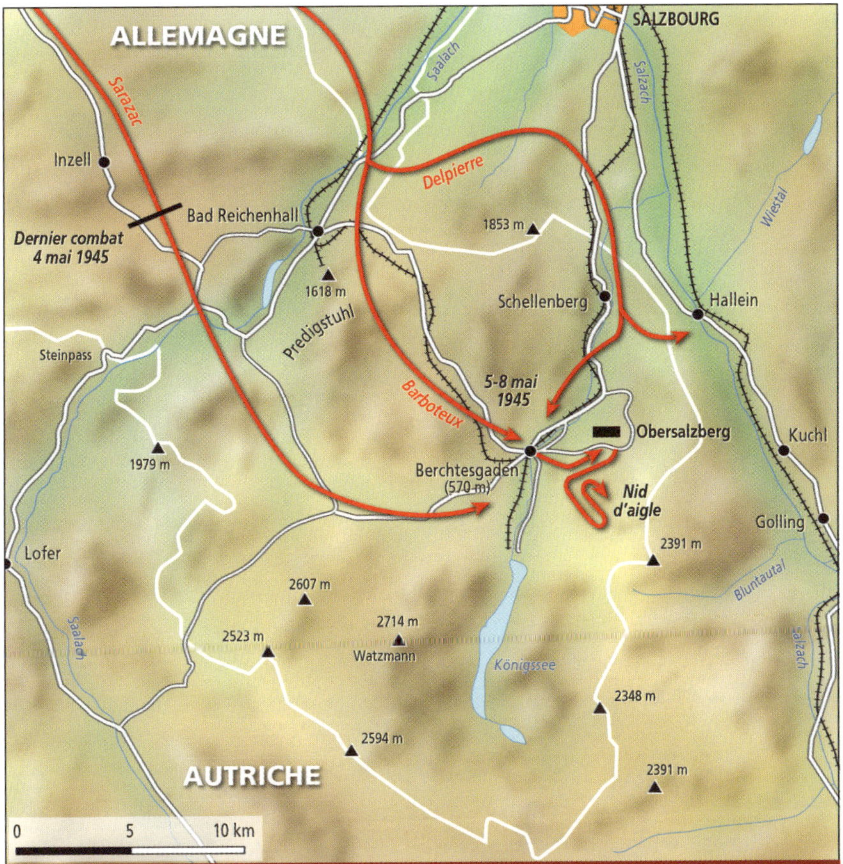

Vers Berchtesgaden.

affectée au 21e corps d'armée américain qui n'est pas orienté vers l'est, mais vers le sud et les Alpes. Une division blindée fait rarement bon ménage avec les routes sinueuses de montagne… Mais Leclerc rebondit aussitôt ; lui comme le monde entier se souvient des images d'actualité où Hitler prenait du bon temps sur une terrasse d'altitude, face à une barrière de cimes enneigées. C'est ce lieu hautement symbolique, Berchtesgaden, qu'il veut pour ses hommes et pour la France.

Il ne reste qu'une centaine de kilomètres, mais la 2e DB devra les courir comme un sprint car la tentation est tout aussi forte chez les Américains qui ont vu les mêmes actualités cinématographiques. Eisenhower fausse même la course en désignant par avance vainqueur le 506e régiment de parachutistes. C'est lui qui est censé conquérir la ville, une récompense qui serait bien méritée après ses sacrifices en Normandie. Leclerc doit compter sur un troisième challenger, la 3e division d'infanterie américaine, surnommée *Rock of the Marne* depuis la Première Guerre mondiale, et qui vient surtout d'inscrire Nuremberg et Munich à son tableau de chasse. Mais la compétition ne lui a jamais fait peur ; pas question de partir perdant. « Non, indique-t-il à son aide de camp, on ne peut pas faire ça à tous ces types qui sont venus du Tchad et qui se battent depuis quatre ans ! »

## Vainqueur d'une tête

Après avoir longé par le sud la banlieue munichoise, les véhicules de reconnaissance foncent sur l'une des fameuses *autostrade* du Reich. Pour Berchtesgaden, la sortie se situe ordinairement une demi-douzaine de kilomètres avant Salzbourg. Mais il y a fort à parier que les Allemands y sont installés en défense. Le 3 mai, en début d'après-midi, Sarazac, fer de lance du GTV, bifurque donc plus tôt vers le sud, à hauteur de Siegsdorf. La carte indique en effet une route encaissée, l'*Alpenstrasse*, qui conduirait droit à Berchtesgaden. Mais à peine a-t-il traversé le village d'Inzell qu'il bute sur un barrage très solide, interdisant le franchissement de la Saalach. Des renforts en chars sont nécessaires, mais il leur faut une journée pour rejoindre. Ce n'est donc qu'au matin du 4 mai que la résistance est vaincue après de violents échanges, les derniers de la guerre pour la 2e DB, qui ont nécessité l'appui de l'artillerie et coûté un nouveau tué à la division. L'extrême tension du moment se lit à travers le télégramme adressé à ses troupes par le colonel de Guillebon, avec ce qui restera sans doute l'un des plus beaux oxymores du conflit : « Danger de capitulation générale. » Le patron du GTV adjure Sarazac de reprendre au plus vite la progression pour parvenir à Berchtesgaden avant le coup de sifflet final. Même un pont coupé ne doit pas les arrêter :

en soirée le capitaine Dehen et quelques-uns de ses hommes de la « *Nueve* » continuent à pied, mais avec 25 km de montagne encore à couvrir, leurs chances d'arriver les premiers sont infimes.

De fait, plus au nord, la 3e division américaine, après avoir conquis très facilement Salzbourg, a pris un avantage considérable au petit matin en découvrant le seul pont sur la Saalach permettant d'accéder à Bad Reichenhall, dernier obstacle sur la route de Berchtesgaden. Il ne s'agit que d'un petit ouvrage en bois, mais que consolide aussitôt le génie avant que, de bonne guerre, son chef, le général O'Daniel, en interdise l'accès aux autres divisions... Leclerc n'en croit pas ses oreilles. La 2e DB se retrouve bloquée dans un embouteillage digne des départs en vacances, avec le flot des prisonniers allemands en sus. Car évidemment, O'Daniel, alias « Iron Mike », a poussé le 7e régiment d'infanterie vers Bad Reichenhall qu'il occupe désormais, et 3 000 soldats ennemis se sont rendus sans coup férir. À seulement 10 km, Berchtesgaden tend les bras aux Américains.

Les Américains sont les premiers à entrer dans Berchtesgaden...

… Mais la 2e DB est la première au Berghof et au Nid d'Aigle.

En milieu d'après-midi du 4 mai, le commandant de la 2e DB fait donc irruption chez O'Daniel pour le sommer de laisser passer les siens. « Iron Mike » le connaît de réputation. Il a beau jeu d'arguer que les Français roulent une fois encore hors de leur secteur pour asséner *in fine* à son visiteur : « Vous passerez quand je le voudrai ! » Et en dépit des objurgations du Français, il ne plie pas. Les Américains sont donc bien les premiers à Berchtesgaden vers 16 heures. Deux mille Allemands s'y laissent capturer sans opposition. Pas de Hitler évidemment, ni de Goering, qui a tout de même laissé son neveu colonel, ainsi qu'un butin de guerre que des générations de pirates auraient eu grand-peine à amasser.

Avec la magnanimité des vainqueurs, la 3e DI autorise désormais quelques convois français à passer. Alors en tête de la 2e DB, la 31e batterie d'artillerie entre la première dans la ville. La Providence s'est imposée comme passagère. Il se trouve en effet que le commandant de l'unité, le capitaine Touyeras, qui est passé dans la ville en juillet 1940

Cinq ans d'épopée se terminent dans l'antre même du Führer.

dans un train le conduisant à son camp de prisonniers, sait que le chalet d'Hitler, le Berghof, est situé sur un plateau en surplomb de Berchtesgaden, le Platerhof. De manière inexpliquée, aucun Américain ne s'y est encore rendu. Préfèrent-ils d'abord se reposer de leur journée de cavalcade et de stress ? Digne élève de Leclerc, l'officier, lui, bondit sur l'occasion. En quelques minutes, après n'avoir croisé que des Jeunesses hitlériennes ravies de déposer les armes, Touyeras se présente à l'entrée du complexe de villas où les dignitaires du Reich jouaient des coudes pour être le plus proches d'Hitler. À peu près toutes ont été ravagées le 25 avril par la Royal Air Force. Le Berghof y avait échappé, mais des SS l'incendient dès l'arrivée des Français. « Suis seul au Berghof et m'ennuie, lance Touyeras à la radio, je demande du renfort ! » Leclerc triomphe : il a coiffé au poteau les Alliés qui, sans doute vexés, montrent désormais un peu d'agressivité à l'encontre des Français. Le 5 mai, il rallie à son tour Berchtesgaden et grimpe au Platerhof où il contemple sans emphase les ruines du III$^{e}$ Reich...

## L'aigle et les corbeaux

L'ultime conquête a un prologue. Comme il apprend que personne n'a encore pris possession du Nid d'aigle, ce refuge haut perché où Hitler aimait à prendre le thé, le commandant de la 2e DB offre l'honneur à Touyeras d'y grimper le premier. Pendant ce temps, il achève la visite du plateau, dont les souterrains regorgent d'œuvres d'art et de vins millésimés volés dans toute l'Europe. Le pillage a déjà commencé, qui ne lui convient pas du tout. Après avoir fait rassembler les objets prélevés, il ordonne de les redistribuer à toute la division, avec une pensée toute particulière pour les blessés, dont chacun recevra un « souvenir » estampillé « 2e DB ».

Magnifique pied de nez au destin, la mémoire de Berchtesgaden restera cependant empreinte de tristesse. Pendant que le drapeau français est hissé au-dessus de l'antre du nazisme, des patrouilles en effet sillonnent les alentours pour parer à toute menace. Celle du commandant Dronne croise à cette occasion la route du capitaine Dehen, qui en termine avec son périple à travers les montagnes, mais celle du commandant Florentin déplore, elle, le dernier tué de la division, l'aspirant du RMT Raymond Peters, vingt-cinq ans, dont la dépouille ne sera retrouvée que dix jours plus tard, avec deux balles dans la tête, synonyme d'une exécution. Le drame, dû au fanatisme des derniers combattants ennemis, ne fait qu'aviver le sentiment de colère qui, malgré la victoire, assaille les Français déjà très choqués par ce qu'ils ont découvert de l'univers concentrationnaire. Deux de leurs compatriotes déportés leur ont décrit l'horreur de Dachau qu'ils venaient de quitter, puis trois officiers missionnés dans le camp en ont rapporté un compte-rendu effrayant. Le 6 mai, Leclerc tient à assister à la messe dominicale dans l'église de la ville, pour essayer ensuite de comprendre comment la population a pu vivre pendant tant d'années ce que quelques jours seulement lui ont rendu intolérable. Mais sa conversation avec le curé le désole au plus haut point.

L'euphorie de la victoire finale se mêle donc à la révolte quand, le 7 ou le 8 mai, douze prisonniers sont amenés à Bad Reichenhall, où la

2e DB a installé son QG. Leclerc se déplace en personne, car ils sont français, membres pour la plupart de la division Charlemagne. Peu de temps après, probablement dans l'après-midi, ils sont fusillés sans jugement. Rien n'a jamais prouvé depuis que le général en ait lui-même donné l'ordre, si indigné qu'il ait pu être par l'arrogance de certains d'entre eux. Tel le chef vaincu dont, de retour à Rome, le général triomphant devait supporter la présence dans son char afin de ne pas se laisser griser par la gloire, l'affaire de Bad Reichenhall vient de rappeler que ces cinq dernières années d'épopée tirent leur source dans les malheurs du monde et le naufrage de la France.

« N'avez-vous pas honte de servir sous cet uniforme ? » lance Leclerc aux Waffen SS français. « Et vous ? lui réplique-t-on. Vous portez bien l'uniforme américain ! »

# 11

# MARÉCHAL D'UN EMPIRE ÉVANESCENT

Après cinq ans de cavalcade effrénée, petit moment de détente sur un lac de Bavière.

Le 8 mai 1945, après être entrée à la sauvette en Allemagne, la 2e DB est chassée de Bad Reichenhall par le 506e régiment de parachutistes, qui ne s'est vraiment pas remis de son échec. Direction Diessen, à 25 km au sud-ouest de Munich. L'occupation n'est pas faite pour les troupes de panache ; Leclerc s'y ennuie rapidement, d'autant que dix-huit de ses hommes meurent le 16 mai dans la tempête qui s'abat subitement sur le lac Ammer.

Le 18, devant les déportés de Dachau qui ont suivi ses exploits autant que possible, il laisse parler son cœur comme rarement : « Nous avons lutté pour la même cause, nous sommes passés par les mêmes phases : éloignés les uns et les autres de la France, sans nouvelles des nôtres, la souffrance a été glorieuse pour nous, dure et humiliante pour vous [...]. Votre souffrance dans le silence vous confère plus de mérite qu'à nous qui étions soulevés par l'enthousiasme. »

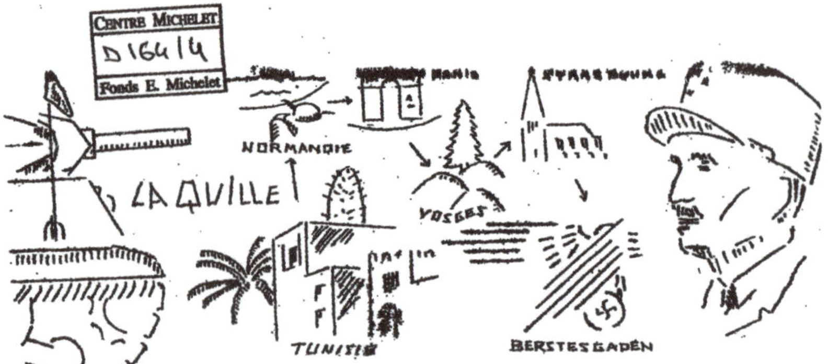


# LE GENERAL LECLERC A DACHAU.

Numero special Le 19 Mai 1945

Voici l'essentiel des paroles que le General Leclerc nous a adresses :" J'ai rarement ete aussi emu qu'aujourd'hui, bien que mon sejour en Allemagne m'en ai procure de nombreuses occasions. Je vous comprends. Nous avons lutte pour la meme cause, passe par les memes phases : eloignes les uns et les autres de la France, sans nouvelles de des notres, la souffrance a ete glorieuse pour nous, dure et humiliante pour vous. La mort ignominieuse dans les blocs malsains fut la part de bien des votres. Votre souffrance dans le silence vous confere plus de merite qu'a nous qui etions souleves par l'enthousiasme.

Vous allez rentrer. Nous ferons le possible ou l'impossible pour hater ce rapatriement. Nous ferons pour vous avec la meme ardeur ce que nous avons fait pour sauver la France. Soyez patients. Cela ne durera que quelques, quelques semaines (Murmures dans l'assistance). Je ne veux pas vous faire de promesses de Gascon. Vous allez trouver une France affaiblie, au prise avec des difficultes de tout ordre : materielles, industrilles, morales et politiques. Vous travaillerez pour la refaire, n'est-ce pas (Approbations de l'assistance) - : En tous cas ne croyez pas que la France est degeneree J'ai eu a faire depuis 4 ans a des francais de tous caracteres et de toutes regions. Dans la bataille il on manifeste une energie egale a celle de leur ancetres. Dans nos rencontres avec les Allemands, meme en etat d'inferiorite numerique et materiel, nous les avons toujours battus. Ce commandant, (et le General designe un officier de sa suite -,) s'est jete dans Paris avec 5 tanks et une compagnie d'infanterie pour venir au secours des resistants enfermes dans la Prefecture de Police. Ne rougissez point d'etre Francais. La France compte sur vous : elle a besoin d'hommes muris par la souffrance, d'hommes qui ont lutte.

Le General passa lentement en revue les deportes au garde-a-vous. La Marseillaise eclata

LE GENERAL LECLERC CHEZ LES MALADES.

Apres sa visite au cantonnement francais, le General tint a porter lui-meme a nos malades le salut de l'Armee francaise. Au cours de sa visite a l'hopital francais, il felicita le personnel medical et sanitaire qui lui a ete presente, pour son devouement sans relache.

Récit de la visite du général Leclerc à Dachau par les anciens déportés.

Nouvelle signature au retour en France.

Après avoir tant menacé d'en quitter le commandement, Leclerc appréhende le moment qu'il sait proche où sa route va s'éloigner de celle de la 2e DB, lui qui est dorénavant général de corps d'armée et grand-croix de la Légion d'honneur. Le 23 mai, il embarque dans la Horsch prélevée dans les garages du Platerhof, direction Paris. Tandis que ses unités se rassemblent à Fontainebleau, il retrouve sa famille et obtient de s'appeler désormais « Leclerc de Hauteclocque ».

À l'avenir, il se verrait bien résident général au Maroc, pays mythique pour sa génération d'officiers, et un poste de prestige qui lui permettrait de retrouver les affaires civiles dont il avait tant aimé s'occuper au Cameroun. Mais de Gaulle a d'autres projets pour lui. En dépit de la capitulation du Reich, la France est toujours en guerre contre le Japon qui occupe l'Indochine. Qu'importe que Leclerc ne connaisse rien à l'Asie, il a démontré durant le conflit sa capacité d'adaptation à toutes les situations ; le 7 juin, il reçoit donc le commandement du corps expéditionnaire d'Extrême-Orient. Probablement la pire des nouvelles pour les Américains qui, non seulement ne jugent pas la présence française indispensable, mais s'effraient de voir à sa tête celui qui a tellement joué avec leurs nerfs. Ainsi Eisenhower incite-t-il Marshall à demander plutôt le chef d'état-major de Juin, le général Carpentier, un excellent tacticien, mais aussi la garantie d'une placidité à toute épreuve. Pour sa part, le commandant du théâtre, le général MacArthur se dit ravi du renfort des Français qui, selon lui, ne pourrait intervenir qu'à partir du mois de mars 1946, faute de navires.

## Libérateur ou général Vendémiaire ?

Leclerc a donc tout le temps de faire ses adieux à la 2e DB, d'abord en défilant à sa tête, le 18 juin, sur les Champs-Élysées, puis, le 22, en lui adressant son dernier discours en forêt de Fontainebleau. « Quand vous sentirez votre énergie fléchir, déclare-t-il, rappelez-vous Koufra, Alençon, Paris, Strasbourg. Retrouvez vos camarades, recherchez vos chefs, et continuez en répandant dans le pays le patriotisme qui a fait notre force. »

Dio, qui n'est encore que colonel, sera son remplaçant. Avec lui, Leclerc sait sa division entre de bonnes mains. Mais il ne s'en éloigne pas totalement. Le corps expéditionnaire a besoin de cadres expérimentés et de confiance. Où Leclerc peut-il mieux en trouver que parmi ses compagnons d'armes ? Massu, Guillebon, Repiton-Préneuf, Buis, Réals seront de la partie. Mais les anciens les plus nombreux se recrutent parmi les capitaines et les lieutenants qui suivraient leur chef n'importe où. Avec eux, Leclerc le bâtisseur entend donner une unité aux 3e et 9e divisions d'infanterie coloniale qui lui sont cédées, ainsi qu'aux quelques milliers d'hommes qui l'attendent en Asie ou à Madagascar. Mais – et ce n'est finalement que routine pour lui – rien ne l'y aide vraiment. Exploitant sa renommée, qui a très largement débordé les frontières françaises, le gouvernement provisoire décide en premier lieu de l'envoyer à Prague le 13 juillet, à la tête d'une délégation incarnant la France nouvelle. Le pire survient deux jours après son retour : le 18, de Gaulle, le même qui l'a nommé en Indochine, lui laisse entendre qu'il pourrait finalement lui attribuer le gouvernorat militaire de Paris, afin de le garder près de lui à l'aube des vastes et difficiles réformes qu'il entend impulser. Bref, lui donner le rôle du général Vendémiaire auquel le commandant de la 2e DB avait déjà dû farouchement s'opposer au lendemain de la libération de Paris. Il réagit donc de la même manière,

Le défilé du 18 juin 1945 à bord du char de commandement baptisé *Tailly*.

mais avec la pointe d'amertume supplémentaire de se voir proposer à nouveau ce qu'il a déjà refusé. Son désarroi vis-à-vis du chemin pris par le pays, si différent de celui dont il rêvait, n'en est qu'attisé, et lui fait souhaiter une affectation la plus lointaine possible. Il est servi avec l'Extrême-Orient qui redevient sa destination prioritaire, mais dans un brouillard de plus en plus épais. En août, le corps expéditionnaire ignore toujours sa composition et sa destination finale. Or, le 10, la nouvelle tombe, totalement inattendue à l'état-major de Leclerc qui croyait à une guerre longue : après le largage d'une nouvelle bombe nucléaire à Nagasaki, le Japon annonce vouloir capituler.

Indochine, 1945.

Cette fois, la porte s'est bien refermée avant que Leclerc ait réussi à se faufiler dans l'entrebâillement, comme à Paris ou à Berchtesgaden. Pourtant, de Gaulle continue à le réserver pour le lointain Orient. Car il reste le cas de l'Indochine où, le 9 mars 1945, après les avoir longtemps laissées en place, les Japonais se sont débarrassés des autorités françaises et ont proclamé la fin du protectorat. Sous leur influence, l'empereur Bao Dai a proclamé l'indépendance de l'Annam et l'annexion de la Cochinchine, les monarques du Laos et du Cambodge prenant également leurs distances avec la France.

## Il faut toujours se méfier des clichés

Le drame pour la décolonisation est de surgir si tôt après la fin du conflit mondial. Les messages se brouillent. Le retour de l'intégrité nationale a coûté tellement de sacrifices que Paris ne peut envisager de se laisser déposséder de quelque territoire que ce soit, pour quelque motif que ce soit. C'est encore une mission de libération qui est confiée à Leclerc ; « rétablir la souveraineté française dans les territoires de l'Union indochinoise », écrit de Gaulle. Et c'est capital pour l'état d'esprit dans lequel le général s'apprête à quitter Paris : l'Indochine est une nouvelle terre de France à reconquérir, pas à préparer à une émancipation future.

Avec l'amiral Thierry d'Argenlieu.

Beaucoup s'attacheront plus tard à opposer Leclerc, décrit comme libéral, à celui qui est nommé haut-commissaire à ses côtés, l'amiral Thierry d'Argenlieu, qui serait, lui, le stéréotype du gardien de l'Empire français. Une vision très simplificatrice, qui débute dès le départ des deux hommes, soi-disant à couteaux tirés parce que Leclerc n'a été nommé que commandant supérieur des troupes, ce qui le place sous la coupe du marin. Certes, il regrette de ne pas avoir obtenu le commandement en chef, mais il n'y a pas trace d'une colère semblable à celle dont il a pu se montrer capable les années précédentes. Thierry d'Argenlieu, il est vrai, est de treize ans son aîné, et il a occupé des postes à bien plus haute responsabilité que lui. De surcroît, il entretient depuis 1940 une solide relation d'estime réciproque avec Leclerc, qui le décrit comme « celui qui est français avant tout », ce qui chez lui veut dire beaucoup. Leur feuille de route commune date en fait du 24 mars 1945, jour où le général de Gaulle a ébauché le futur de la fédération indochinoise : une autonomie poussée pour les cinq territoires qui la composent, mais au sein de l'Union française. Le texte est donc une reculade par rapport à l'indépendance donnée par les Japonais, mais il sera la bible de Leclerc qui, s'envolant dès le 18 août – en n'ayant donc passé que quelques jours avec sa famille depuis le 8 mai –, n'a eu le temps de se documenter que de manière superficielle. Comme toujours, de Gaulle reste le phare quand le brouillard règne…

## Au nom de la France

L'amiral Mountbatten, commandant suprême en Asie du Sud-Est[1], déconseillant d'atterrir à Saigon en raison de l'occupation japonaise persistante, c'est à Ceylan que Leclerc prend ses quartiers le 22 août. Il y bénéficie d'une peinture beaucoup plus fine du contexte et en particulier d'un acteur très méconnu en France, le Front de l'indépendance du Viêt Nam, le Viet Nam Doc Lap Dong Minh, c'est-à-dire le Viêtminh, dirigé par un personnage encore plus nébuleux, Hô Chi Minh. Le général apprend aussi que la conférence de Potsdam a décidé de l'occupation de l'Indochine : au nord du 16e parallèle par les Chinois, au sud par les Britanniques. En somme, il ne manque que les Français en cette terre normalement française !

1. Ce cousin du roi George VI a repris la Birmanie et la Malaisie aux Japonais. Lire l'admirable biographie que lui a consacrée François Kersaudy, *Lord Mountbatten*, parue chez Payot en 2006.

La solution pour Leclerc : des troupes, beaucoup plus de troupes que le seul 5e RIC à sa disposition. « L'ère des discussions théoriques, des échanges de notes entre les ministères, la Défense nationale doit être close, prévient-il, si le gouvernement veut récupérer la totalité de l'Indochine. » C'est exactement le même conseil que s'autorise à lui délivrer, le 2 septembre, à Tokyo, un général MacArthur peu au fait de l'Indochine : « *Bring troops, more troops, as many as you can !* » Le commandant en chef des forces du Pacifique se dit enchanté de sa venue : « Si vous n'étiez pas avec moi, lui glisse-t-il, cette journée ne serait pas complète ! » Le petit déjeuner avalé, celle-ci connaît son point d'orgue peu après lorsque la délégation japonaise se présente à bord du *Missouri* pour parapher l'acte de capitulation. Leclerc signe au nom de la France qui, en cet instant, à travers lui, crie au monde que, non, elle n'a jamais cessé de se battre. L'appel du 18 juin reçoit son point final.

Hô Chi Minh.

Le commandant supérieur revient à Ceylan plus déterminé que jamais à reconquérir l'Indochine où, le même jour, Hô Chi Minh a proclamé l'indépendance du Viêt Nam. Mais Paris renâcle à lui transférer le corps expéditionnaire. De Gaulle et Mountbatten en prennent classiquement pour leur grade, puis Thierry d'Argenlieu, qui le rejoint le 8 septembre. En partie sous l'influence de son entourage, qui est très hostile à l'amiral,

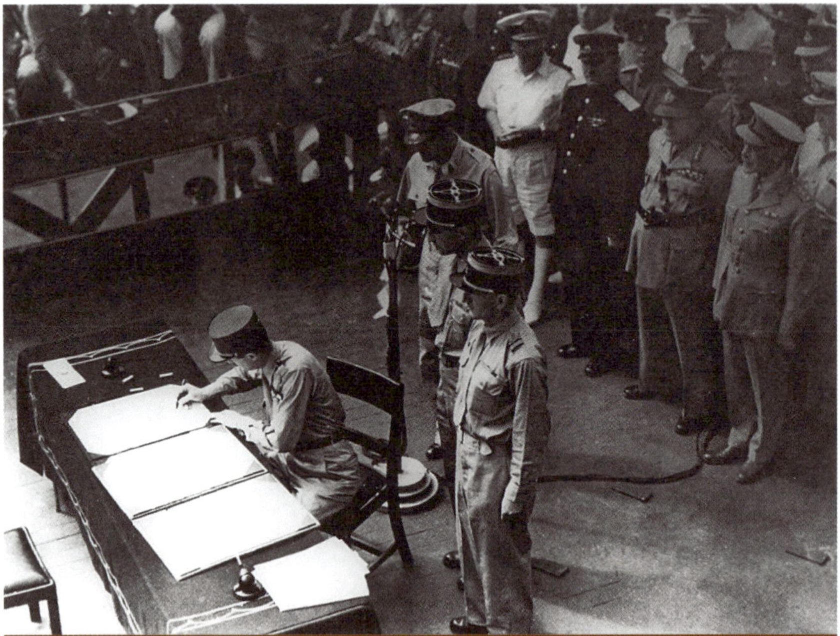

Le 2 septembre 1945, le général Leclerc représente la France à la signature de la capitulation du Japon.

Leclerc redoute de voir sa marge de manœuvre réduite, comme autrefois en AEF. Thierry d'Argenlieu le rassure, et ensemble ils repoussent la suggestion de Mountbatten de promettre l'indépendance à l'Annam afin de faire cesser les troubles de plus en plus nombreux à Saigon.

Après une nouvelle cérémonie de signature de reddition des troupes japonaises, cette fois à Singapour le 12 septembre, Leclerc se prépare à gagner Saigon, où sa présence, à la si forte valeur symbolique, est ardemment souhaitée par de Gaulle. Il lui faut attendre jusqu'au 5 octobre, où la Horsch de Berchtesgaden le conduit de l'aéroport au palais de Norodom. Ses premières paroles sont celles d'un militaire : il exhorte la foule à la « discipline ». Puis il met la dernière main à son plan pour desserrer l'étau autour de la ville avec le commandant des troupes britanniques locales, le général Gracey, entièrement acquis à sa cause. La méthode ne varie guère. Que ce soit en Afrique, en France ou en Asie, quand un obstacle résiste, Leclerc s'en charge lui-même. C'est le cas avec le Cambodge, dont le roi, Norodom Sihanouk, a fait savoir que

Leclerc sillonne toute l'Indochine.

malgré tout il souhaitait ne pas s'éloigner de la France. Après l'envoi de troupes britanniques et françaises, Leclerc se résout à prendre l'avion le 15 octobre pour aller lui-même neutraliser le Premier ministre Son Ngoc Thanh qui persistait dans le mauvais chemin. Et le 18, le protectorat est rétabli. Quatre jours plus tard, le commandant supérieur envoie des unités pacifier une partie du Laos. Reste la Cochinchine et l'Annam. Là encore, Leclerc voit simple : pour lui, comme il l'écrit à Guillebon, « il s'agit bien d'une reconquête, car les négociations avec les jaunes sont de la pure fumisterie ». Cela ne traîne pas : mi-novembre, Saigon respire grâce à la prise de My Tho, Go Cong, Vinh Long, Can Tho et Cai.

Mission première donnée par de Gaulle, les autorités de Vichy sont aussitôt renvoyées en France, mais l'arrivée de Thierry d'Argenlieu est encore mal vécue par Leclerc. Conflit d'autorités, de visions aussi. Contrairement à une certaine légende, l'amiral se montre beaucoup moins sévère dans ses propos que le libérateur de Paris, auquel il reproche l'emploi répété du mot « reconquête » : « Nous ne venons pas, déclare-t-il

En visite dans un village.

le 1er novembre, […] conquérir, dominer, exploiter, mais rétablir l'ordre dans la maison commune, au nom de la France nouvelle, forgée dans la résistance à toute dictature, plus que jamais éprise de progrès social, de franchises économiques, d'idéal démocratique et d'émancipation administrative et politique pour les membres intellectuellement et moralement évolués de l'Union française. » Et Thierry d'Argenlieu de passer à l'acte en proposant, le premier, une rencontre avec le Viêt-minh. Il suffit ainsi de lire le portrait dressé en février 1946 par le secrétaire d'État américain d'un Leclerc « intransigeant et colonialiste dans l'âme, n'acceptant aucun compromis », quand Thierry d'Argenlieu est perçu comme « modéré et conciliant ».

## L'obsession d'Hanoi

Selon le partage voulu par de Gaulle, tandis que d'Argenlieu s'attelle à mettre en application la déclaration du 24 mars, Leclerc parachève la réoccupation de la Cochinchine. Son seul échec est le Tonkin, où il envisageait d'entrer dès le mois de novembre. L'occupation chinoise et la mainmise d'Hô Chi Minh y annoncent des lendemains difficiles. D'aucuns, comme Pierre Messmer qui s'est échappé des geôles du Viêt-minh, lui conseillent la négociation. Tout au contraire, Leclerc raisonne à 10 000 km de Paris comme au pied des Vosges avant l'Alsace : « Il s'agit pour nous de reprendre pied à pied le pays, de montrer partout notre force, d'abattre les résistances [...]. Ce sont nos soldats qui, région par région, rétabliront la souveraineté française. » Et de marteler au député Maurice Schumann, devenu l'un de ses confidents : « La dernière absurdité serait de considérer aujourd'hui l'Indochine comme un pays mûr pour l'indépendance, possédant une élite avec laquelle on peut traiter. » Leclerc ne pense plus qu'à libérer Hanoi, comme autrefois Strasbourg. Il ne conçoit pas son opération en diplomate, mais bien en tacticien militaire, calculant le moment le plus opportun, plaçant ses pions pour le meilleur effet. Les négociations secrètes avec Hô Chi Minh, c'est Thierry d'Argenlieu qui les conduit, et c'est lui encore qui emploie le premier le mot « indépendance », certes avec des garde-fous, dans son mémorandum du 28 décembre 1945.

En première ligne, le général Leclerc passe en automitrailleuse à hauteur du colonel Massu.

Le départ du pouvoir du général de Gaulle, le 26 janvier 1946, change cependant la donne. Fidèle parmi les fidèles, lui, le premier chancelier de l'ordre de la Libération, le haut-commissaire ne fait pas confiance au nouveau gouvernement où figurent huit socialistes et neuf communistes. Leclerc pour sa part n'en est pas directement affecté, focalisé qu'il est sur la reprise de contrôle, une à une, des dernières parcelles de Cochinchine, puis de l'Annam, du Cambodge et enfin du Laos. Opérations rondement menées, mais meurtrières : 630 morts entre septembre 1945 et février 1946. Leclerc ne pense plus ensuite qu'au Tonkin, où vivent 30 000 Français. Comme il est impossible de boucler les 1 000 km de piste depuis Saigon, l'état-major imagine un débarquement massif à Haiphong, ce qui, vu les coefficients des marées et l'impatience de Leclerc, impose un jour J aux alentours du 6 mars.

Dès lors, le commandant supérieur s'échine à réunir les paramètres favorables. Tout révulsé qu'il soit par les exactions du Viêt-minh, il saisit l'occasion de l'intérim de Thierry d'Argenlieu, en déplacement à Paris, pour transiger : contre une promesse d'indépendance, Hô Chi Minh accepte le retour de l'armée française au Tonkin. De là le portrait déformé d'un Leclerc pionnier de la décolonisation. C'est oublier le principe fondamental d'extrême réalisme qui guide ses pas depuis les jésuites : le but prime les moyens. Leclerc est prêt à parler d'indépendance non pas pour satisfaire des revendications irrédentistes, mais bien pour optimiser les conditions du débarquement, et donc, *in fine*, de la reprise de contrôle par la France de ces territoires. Il le dit très clairement dans un télégramme à Juin : « Les Annamites acceptent sous le mot indépendance ce que nous proposons sous le mot autonomie. » Et il démontre son sens très particulier des négociations lorsque, sans se soucier de leur conclusion, il fait embarquer ses 20 000 hommes : « Je veux tout simplement un prétexte à rentrer des troupes françaises, explique-t-il à Repiton-Préneuf, ensuite nous les inonderons de camions, blindés, ce qui constituera toujours le meilleur argument. [...] débrouillez-vous, comme vous le pourrez, faites par n'importe quel moyen que nous débarquions au Tonkin le 6 mars. »

Seule la Chine est susceptible de lui faire imaginer un report : en cas d'opposition, il ne s'agira plus de guérilla, mais de guerre.

## Succès dans la zizanie

Le 28 février 1946, contre la fin de leur occupation, les Chinois se voient garantir par la France de multiples abandons de souveraineté dans la région. Mais ils exigent également, sous prétexte d'éviter une insurrection au nord du 16e parallèle, un accord préalable entre les Français et le Viêt-minh. Du pain bénit pour Hô Chi Minh qui, de toute façon gagnant sur les deux tableaux – et le débarquement étant désormais inéluctable –, peut tenter de faire monter les enchères.

Les discussions, tortueuses, aboutissent *in extremis* au soir du 5 mars, prévoyant que « le gouvernement français reconnaît la république du Viêt Nam comme un État libre ayant son gouvernement, son parlement, son armée et ses finances, faisant partie de la Fédération indochinoise et de l'Union française ». La flotte de Leclerc approche donc paisiblement de Haiphong, avant qu'une mésentente dans le commandement chinois ne la pousse à faire donner ses tubes en riposte à des tirs. Une quarantaine de morts sont à déplorer dans les deux camps. Un accord est bien signé par le Viêt-minh et les Chinois dans l'après-midi du 6 mars, mais il ne permet pas encore le débarquement des troupes françaises. Un deuxième doit donc suivre, qui oppose encore Leclerc, prêt à nombre de concessions pour entrer au plus vite à Hanoi, son seul but, et Thierry d'Argenlieu qui, en accord avec le gouvernement français, redoute de nouvelles atteintes aux intérêts nationaux. Le général obtient satisfaction : le 18 mars, il gagne la capitale du Tonkin à la tête d'un petit détachement. « Hanoi, dernière étape de la libération ! », y déclare-t-il. Hô Chi Minh, qu'il rencontre alors, joue diaboliquement de ses tensions avec Thierry d'Argenlieu, séduisant l'un avant de charmer l'autre. Les rapports entre les deux Compagnons de la Libération deviennent détestables. Il sera dit que des divergences sur l'indépendance de l'Indochine en sont la cause. Le message envoyé par Leclerc à de Gaulle le 1er mai prouve le contraire : « Maintenant l'Indochine est sauvée militairement.

Un des rares moments de détente que s'accorde le général.

Que la politique ne la perde pas. » Le différend s'apparente beaucoup plus à l'éternel conflit entre le pragmatisme et le dogme : en rien dupe du double jeu d'Hô Chi Minh, Leclerc est ouvert à toutes les démarches, du moment qu'elles permettent à la France de reprendre pied partout, sans trop de dégâts, quand Thierry d'Argenlieu rejette par principe Hô Chi Minh et le Viêt-minh en raison de leurs crimes avérés.

En y ajoutant des caractères bien trempés comme seule la France libre a été capable d'en amalgamer, la situation devient ingérable. En avril, Leclerc réclame à Juin son rappel en France. Il accepte de rester à la demande de De Gaulle, mais en juin, épuisé par six ans de campagnes ininterrompues, il finit par rentrer en métropole.

## Le recours

Quelle suite pour la carrière de Leclerc ? Comme le souligne le ministre des Affaires étrangères Georges Bidault, « l'inconvénient de nommer des généraux très jeunes, c'est que, lorsqu'il n'y a plus de commandement à leur donner, on ne sait pas quoi en faire ».

Après hésitation, Leclerc est nommé le 12 juillet inspecteur des forces armées en Afrique du Nord et, comme pour lui faire oublier ce poste aux faux airs de placard, il reçoit en complément sa cinquième étoile, la médaille militaire et même un fauteuil à l'Académie des sciences coloniales.

Leclerc devient une icône : gouache sur toile de V. Gitellys.

Retour à une vie moins trépidante, même si le général découvre en Algérie une Indochine en gestation. Celle-ci, toutefois, dont il affirme partout vouloir se tenir désormais éloigné, ne tarde pas à le rattraper. Le 23 novembre 1946, à la suite de plusieurs jours d'incidents graves, l'artillerie française bombarde Haiphong, tuant au moins trois cents personnes. Le 3 décembre, le président du Conseil requiert l'avis de Leclerc, qui prône un renforcement des troupes, mais aussi de « ménager et de flatter [Hô Chi Minh], sans lâcher l'essentiel ». Cependant, dans la nuit du 18 au 19, le Viêt-minh lance l'insurrection à Hanoi. Leclerc accepte la proposition de Léon Blum, depuis peu à Matignon, de repartir sur place le 25 décembre pour une brève mission d'inspection. Sentant la récupération, de Gaulle lui a pourtant conseillé le contraire, mais le libérateur de Paris n'a jamais su dire non quand le pays a besoin de lui. De retour début janvier 1947, il exonère les militaires de la responsabilité de l'escalade et appelle instamment les politiques à prendre le dossier en main, donc à « composer » s'il le faut avec les « nationalistes xénophobes », mais toujours dans le seul but qui compte à ses yeux, « sauvegarder, au moins en partie, les droits de la France ». À la recherche d'un électrochoc, Blum lui offre le commandement en chef, et même le haut-commissariat ; il les refuse en bloc. Quand, quelques jours plus tard, Ramadier, nouveau président du Conseil, lui en refait la proposition, il demande à réfléchir, consulte, pose des conditions, mais c'est pour décliner encore, même après une démarche personnelle du premier président de la IV^e^ République, Vincent Auriol : le risque de servir de fusible à un gouvernement sans dessein indochinois est bien trop élevé.

De retour en Indochine en 1947.

Avec Churchill, en 1947. Quand ses généraux doutaient, le Premier ministre avait coutume de les renvoyer à « ces vingt-cinq hommes qui avaient pris Douala, et avec elle tout le Cameroun ».

Pour la même raison, Leclerc renonce également au fauteuil de chef d'état-major d'une armée de terre aux contours trop flous, avec des budgets en constante restriction. « Conservez votre prestige intact, lui conseille de Gaulle. Profitez de votre situation pour veiller à l'Afrique du Nord où des épreuves nous attendent. De plus, vous êtes jeune, qui sait si la France n'aura pas un jour besoin de vous ! » En dépit des récentes frictions, le lien entre les deux hommes a conservé toute sa force. La création du Rassemblement du peuple français (RPF) en avril comble ainsi Leclerc, atterré par les déflocages de l'après-guerre dont il fait une nouvelle fois les frais. Des troubles graves au Maroc provoquent en effet le rappel du résident général Eirik Labonne. Leclerc, qui a plaidé en ce sens, a pu croire son tour enfin venu, lui qui avait souhaité récupérer la place en 1945 : c'est Juin qui en hérite.

Avec cinq étoiles à l'âge où tant d'autres n'ont encore qu'un même nombre de ficelles, le général ne saurait crier à l'injustice. Et puis, les événements en Afrique du Nord l'accaparent. En Algérie et en Tunisie, il prône la fermeté comme antidote à des divisions qui se creusent et qu'il sait d'autant plus pernicieuses qu'il les a vues à l'œuvre en Indochine.

Troisième et dernière commémoration de la libération de Strasbourg pour le général Leclerc (23 novembre 1947) : « Quand je sens mon courage diminuer, c'est à Strasbourg que je viens pour le retremper ! »

Général d'armée, Leclerc inspecte les troupes en Afrique du Nord.

Mais en métropole aussi, il s'inquiète d'un pays miné par les conflits sociaux, l'instabilité de la toute jeune IVe République et le malaise d'une armée dont, déjà, les effectifs fondent aussi vite que ses engagements à l'extérieur augmentent. Beaucoup pensent qu'il pourrait être le recours en cas de crise majeure. La liesse est immense à chacun de ses déplacements, comme en attestent les deux journées qu'il passe en Alsace à l'occasion du troisième anniversaire de la libération. « Je ne suis plus bon à rien pour le pays ! », glisse-t-il pourtant à sa femme au matin du 26 novembre 1947, sans doute à cause de la fatigue et du paludisme.

Un B-25, un bombardier américain réaménagé à son intention et baptisé *Tailly II*, l'attend à Villacoublay avec aux commandes le lieutenant François Delluc. Au programme, manœuvres interarmées en Algérie les 26 et 27 novembre. Le 28, après une prise d'armes à Arzew, Leclerc et les six membres de son état-major, rejoints par le colonel Fouchet, décollent d'Oran à 10 h 17 pour Colomb-Béchar. Prévu à 11 h 45, l'atterrissage est repoussé en vol d'une demi-heure, mais à 12 h 15, aucun B-25 à l'horizon. L'épave est retrouvée à 70 km au nord de Colomb-Béchar, sans survivant. Sous un morceau d'aile, un tronc décapité. Dans la vareuse, des papiers d'identité, des photos, des médailles pieuses ; aucun doute, ce sont les restes du général Leclerc…

## Les héros meurent aussi un jour

Que n'a-t-on écrit sur ce drame ! L'avion aurait percuté une colline ? Non, la première se trouve à cinq cents mètres. Bombe à bord ? Impossible, vu la très grande concentration des débris. Sabotage ? L'expertise minutieuse des moteurs n'a révélé aucune anomalie. Faute de preuves matérielles, la suspicion s'est donc reportée sur l'erreur humaine. *Primus inter pares*, Leclerc a tout d'abord été accusé d'avoir obligé Delluc à décoller en dépit d'une météo exécrable ; il paie ici son comportement d'hier, quand l'urgence de la guerre ne lui faisait effectivement tolérer aucun retard dans ses déplacements. Car en l'occurrence, non seulement le ciel n'était pas si obstrué[1], mais Delluc s'était décidé à voler avant l'arrivée sur le

1. Les autorités aériennes n'ont pas opposé de QGO (code pour « aérodrome fermé »), c'est-à-dire qu'elles ont estimé possible l'atterrissage à Colomb-Béchar.

Dernière photo du B-25 après son décollage d'Oran-La Sénia.

Les enquêteurs à l'œuvre quelques heures après le crash.

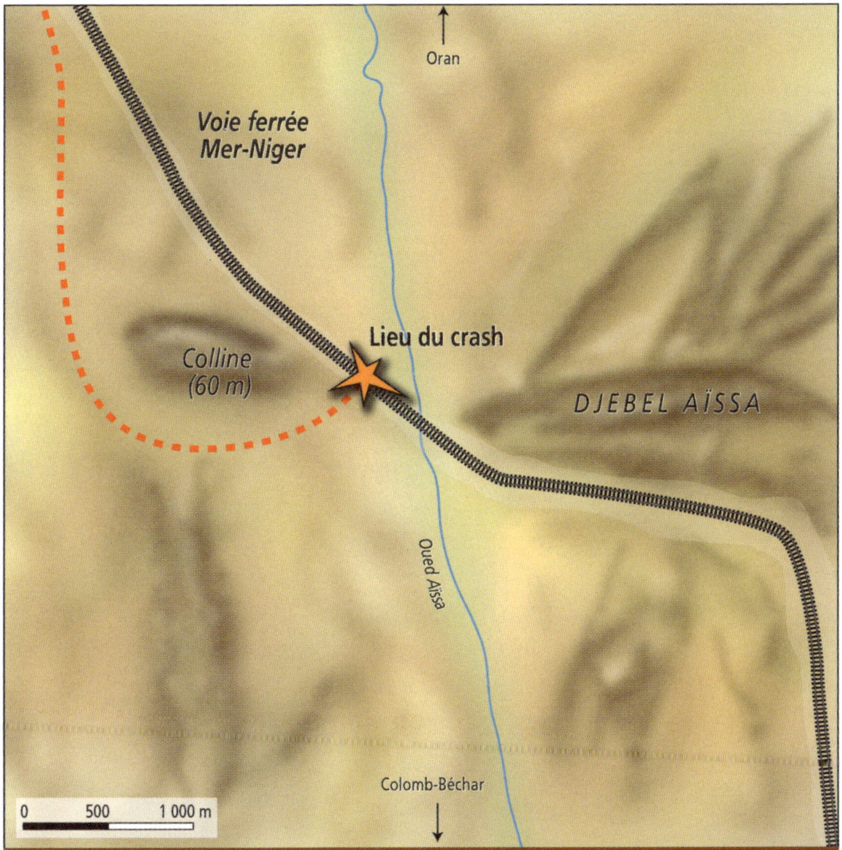


Le lieu de l'accident.

tarmac du général qui, les témoignages en attestent, ne l'a pas sermonné. Rappelons enfin que tout avion qui décolle n'est pas forcément destiné à s'écraser…

La phase clé a débuté à 11 h 40, lorsque le pilote a décidé de venir se placer à quelques dizaines de mètres au-dessus de la voie ferrée Mer-Niger. Une faute « grave », « capitale » même pour certains enquêteurs un peu rapides en besogne. En raison des nuages, le radioguidage de la base était indispensable pour atterrir ; or celui de Colomb-Béchar était réputé pour ses déficiences. Delluc aura donc préféré suivre les rails qu'il savait conduire à la ville. Mais cet officier du rang, donc n'appartenant pas au sérail – mort de surcroît –, est un coupable bien pratique, son

« indiscipline de vol », dira le rapport, étant motivée par sa peur de contrarier le légendaire général Leclerc. Ses états de service pendant la guerre attestent pourtant d'un calme à toute épreuve, et puis, même s'il n'était au service du général que depuis peu, le reste de l'équipage, lui, avait volé plusieurs fois avec ce dernier.

Il ne faut donc s'attacher qu'aux seuls éléments incontestables de la catastrophe, la zone de crash, qui livre plusieurs indices fondamentaux. Le fait tout d'abord que l'avion se soit « cassé » sur le remblai du chemin de fer, sans toucher la ligne téléphonique qui le jouxte. Ensuite, l'absence de cratère et de sillon dans le sol. Enfin, l'avion a frappé perpendiculairement la voie. Il en découle que le crash s'est déroulé en virage, « à plat », à faible vitesse. Tous les amateurs d'aviation en tireront la conclusion logique : l'appareil a chuté en vrille en décrivant une trajectoire, comme le décrira assez justement un témoin, en « tire-bouchon ». Tout est là ; car une vrille a une cause fréquente qu'accrédite très fortement le récent passé de l'appareil. Fin 1946 en effet, le B-25 a été reconfiguré pour le transport de personnalités. D'un côté, les plaques de blindage et divers armements en ont été retirés, de

À l'arrière du B-25 *Tailly II* du général, la bulle de Plexiglas où fut installée une couchette.

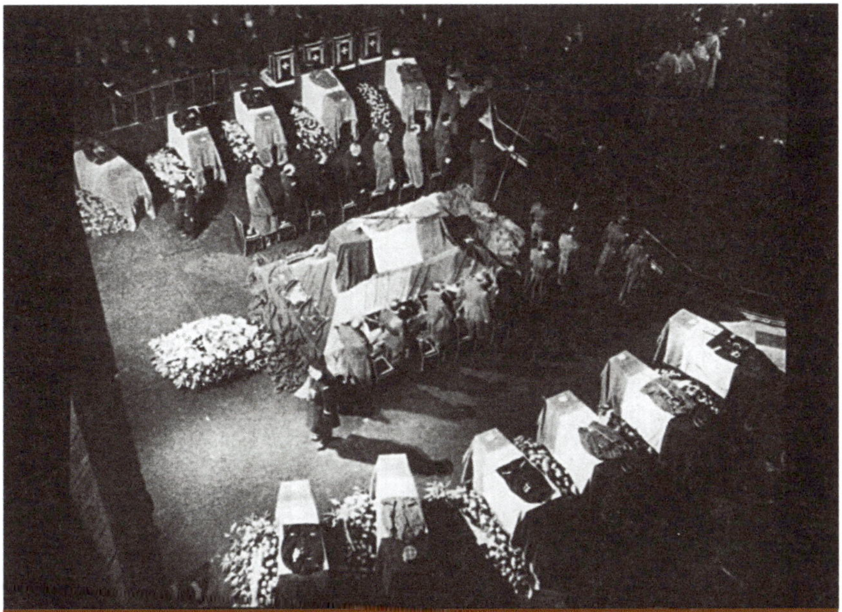

Obsèques à Notre-Dame.

l'autre, deux réservoirs ont été ajoutés et une cabine installée à l'arrière, avec six fauteuils pour les passagers et, surtout, une couchette à la place du mitrailleur de queue. Le centrage, c'est-à-dire le centre de gravité du B-25, en a été modifié. À sa livraison, interdiction formelle a été donnée d'occuper la couchette, tant au décollage qu'à l'atterrissage.

Dès lors, une hypothèse bien plus réaliste peut être ébauchée pour le 27 novembre : alors que le survol des rails a commencé depuis quelques minutes, la présence – ou le déplacement – de passagers en queue modifie subitement le centrage de l'appareil qui, volant à une vitesse nécessairement réduite vu la basse altitude, est dans une configuration similaire à un décollage. En voulant soit reprendre de l'altitude, soit simplement réduire encore les gaz, le pilote, qui ne sait pas ce qui se passe en queue, déclenche irrémédiablement une vrille. La découverte de trois cadavres dans la carcasse de l'empennage arrière semble

Remise du bâton de maréchal à la veuve du général le 29 novembre 1952.

confirmer ce scénario ; de même que la présence quasi avérée d'un passager supplémentaire, dont l'identité n'a jamais été retrouvée[1] : faute de place, il a très bien pu s'installer en queue… Enfin, le 25 décembre 1946, le prédécesseur de Delluc, Michel Le Goc, avait déjà évité de justesse le crash juste après un décollage du Caire, en raison de la présence d'un passager sur la couchette arrière.

1. Alors que les dépouilles des douze passagers connus ont été rapatriées en France, une treizième a été laissée en Algérie. Elle repose encore dans la tombe n° 500 du cimetière Saint-Eugène d'Alger.

Des preuves ultimes manquent certes pour mettre un point final à cette affaire. Peut-être existent-elles dans quelque dossier oublié, peut-être pas. En tout cas, elles n'empêchent pas de retenir avec certitude l'hypothèse d'un accident.

Le refus de croire à une mort accidentelle est un des marqueurs du passage à la légende. Des milliers de rues, places et boulevards ont très rapidement reçu le nom de « Général-Leclerc » et non de « Maréchal-Leclerc », bien qu'il ait été élevé à la dignité suprême le 11 juillet 1952. Mais même de manière posthume, celui qui a toujours refusé ses étoiles ne pouvait accepter les deux dernières. À la demande de la famille, la loi stipule qu'il faut le présenter comme le « général Leclerc, maréchal de France ». Une manière de le distinguer de De Lattre, honoré de la même façon six mois plus tôt ; et surtout de l'inscrire à jamais dans l'histoire avec cette humilité suprême qui façonna sa vie – celle qui oblige à l'abandon de soi pour le seul profit de la patrie en danger.

# BIBLIOGRAPHIE SÉLECTIVE

Parmi les nombreuses biographies du général Leclerc, on pourra privilégier :


*Le Général Leclerc vu par ses compagnons de combat*, Éditions Alsatia, 1948.

Jean Compagnon (général), *Leclerc, maréchal de France*, Flammarion, 1994.

Maurice Cordier et Roger Fouquer, *Le Général Leclerc ou Se commander à soi-même*, Desclée de Brouwer, 1989.

Adrien Dansette, *Leclerc*, Flammarion, 1952.

Maja Destrem, *L'Aventure de Leclerc*, Fayard, 1984.

Karine Donate, *Leclerc, du héros de guerre au diplomate*, ETAI, 2011.

Dominique Forget, *Le Général Leclerc et la 2e DB*, Heimdal, 2008.

François Ingold (général), *Le Général Leclerc*, Lanq, 1948.

Christine Levisse-Touzé (dir.), *Du capitaine de Hauteclocque au général Leclerc*, Éditions Complexe, 2000.

Christine Levisse-Touzé, *Philippe Leclerc de Hauteclocque (1902-1947), La légende du héros*, Tallandier, 2002.

André Martel, *Leclerc, le soldat et le politique*, Albin Michel, 1998.

Henry Maule, *Out of the Sand, The epic Story of General Leclerc and the Fighting Free French*, Odhams Books LTD, 1966.

William M. Moore, *Free France's Lion, The Life of Philippe Leclerc, De Gaulle's Greatest General*, Casemate Publishing, 2011.

Pierre Nord, *Leclerc, l'épée de la France libre*, Idegraf, 1980.

Jean-Christophe Notin, *Leclerc*, Perrin, 2005.

Guy Perrier, *Leclerc*, Pygmalion, 2008.

Guy de Valence de Minardière, *Avec Leclerc en Indochine et en Afrique du Nord*, Éditions du Sagittaire, 2008.

Adolphe Vézinet (général), *Le Général Leclerc*, Éditions J'ai lu, 1982.

Pour les récits relatifs à l'épopée française libre :

*Le Chemin le plus long. Chronique de la compagnie de chars de combat du général de Gaulle (1940-1945)*, Maisonneuve et Larose, 1997.

Jacques Branet, *L'Escadron*, Flammarion, 1968.

François Broche, Georges Caïtucoli, Jean-François Muracciole, (dir.), *La France au combat, de l'Appel du 18 juin à la victoire,* Perrin, 2007.

Pierre de Broissia, Nicolas Jagora, *La France libre : l'épopée des Français libres au combat, 1940-1945,* Little big man, 2004.

Michel Chauvet, *Le Sable et la Neige*, Éditions du Petit Véhicule, 1996.

Jean-Louis Crémieux-Brilhac, *La France Libre*, Gallimard, 1996.

Fondation Général Leclerc de Hauteclocque, *Soldats de Leclerc, récits et anecdotes* (1940-1946), Lavauzelle, 1997.

Paul Gaujac, *L'Armée de la victoire. Le réarmement (1942-43)*, Lavauzelle, 1984.

Christian Girard, *Journal de guerre (1939-1945)*, L'Harmattan, 2000.

François Ingold (général), *L'Épopée Leclerc au Sahara*, Éditions Berger-Levrault, 1945.

Christine Levisse-Touzé, *L'Afrique du Nord dans la guerre (1939-1945)*, Albin Michel, 1998.

Jacques Massu (général), *Sept ans avec Leclerc*, Éditions du Rocher, 1997.

Jean de Pange, *Nous en avons tant vu…*, Éditions de la Serpenoise, 1990.

Henri de Vernejoul (général), *Autopsie d'une victoire morte*, 1970.

## Crédits photographiques

© Amicale des anciens de la Compagnie de Chars de la France Libre : 45, 117, 128, 131.
© Archives Caraktère : 148.
© Archives nationales, France : 152.
© Centre d'Etudes Edmond Michelet : 192.
© Collection particulière/DR : 10 g et d, 12, 14, 15, 30, 54, 154, 160, 167, 176, 182, 186, 189, 199, 206, 208 b, 209, 212 b, 217.
© Musée de l'Ordre de la Libération : 39, 41, 42, 43, 49, 57, 65, 67, 77, 98, 104, 107, 142, 143, 168, 193, 195, 2079, 208 h, 216.
© Musée du général Leclerc de Hauteclocque et de la Libération de Paris–Musée Jean Moulin (Paris Musées) : 9, 11, 13, 16, 18, 19, 20, 21, 22 h et b, 23, 27, 31, 32, 33, 34, 50, 55, 60, 62, 63, 64, 75, 76, 80, 82, 85, 91, 96, 106, 115, 121, 133, 147, 149, 151, 157, 163, 166, 187, 191, 197, 201, 202, 203, 210, 212 h, 214, 215.
© NARA, National Archives and Records Administration, College Park, Maryland : 92, 113, 123, 125, 127, 134, 141, 145, 150, 155, 158, 185, 200.
© Paris-Musée de l'Armée, Dist. RMN-Grand Palais/image musée de l'Armée : 88 h et b, 111.
© Yves de Daruvar : 105.

L'ensemble des cartes de cet ouvrage ont été réalisées par Patrick Mérienne.

Imprimé par IME
à Baume-les-Dames (25)

pour le compte des Éditions Perrin
12, avenue d'Italie – 75013 Paris
N° d'impression : XXXXXX
Dépôt légal : mai 2015

*Imprimé en France*